U0118199

和服裏的風景

窺視日本AV製作

小堀芳一　著

沈文欣　譯

1981年5月

日本AV誕生

《ビニ本の女・秘奥覗き》
《OLワレメ白書・熟した秘園》

重新書寫

　　我在香港出版的第一本書《面接 ~AV女優的真實人生》已絕版多年。常有AV女優問我可否送她們一本，我只能說句對不起。相隔5年，我已屆退休之齡。從Alice　Japan卒業，我終有時間再次提筆，把近年在AV業界的見聞，呈現大家眼前。花上一年時間，我和沈文欣把《面接 ~AV女優的真實人生》大幅修訂及重新編寫，加入大量新文章及照片，配以新書名、新序、新封面、新排版設計及最新AR技術，跟廣大讀者再次會面。

　　本書收錄了AV女優鮮為人知的故事，也紀錄了AV業界逐步進入寒冰期，片商人人自危的苦況。前景迷霧重重，一班循規蹈矩的AV業者，如何不忘大和魂，推陳出新，製作更引人入勝的作品，我也會在此公開。

　　有說VR可重振AV業，孰真孰假，有待時間證明。但是，我現可來個大膽嘗試，首度把書和AR技術結合，讓你們跟AV女優作一個前所未有的親密體驗。Are you ready?

3D影像觀賞方法
1. 掃描左圖的QR Code條碼
2. 下載AR18應用程式
3. 開啟手機上的AR18應用程式，把鏡頭以傾斜角度，瞄準此書頁上
   AV女優便會出現在手機螢幕上。
AR18企劃及製作：EEM Japan http://www.eternalemptymusic.com

AV女優AR親密初體驗

步驟一：點選智慧型手機上可掃描QR Code的軟體，下載AR18 App。

步驟二：開啟手機上的AR18 App。

步驟三：把手機鏡頭，以傾斜角度，瞄準印有「AR18 & AV女優」的頁面，AV女優便會出現在手機螢幕上。

目錄

推薦序一

　　社會上充滿了各種對日本AV女演員的想像。作為觀眾和消費者的我們，對她們的認識，一般只是根據主觀想像，和一些獵奇窺探式的媒體報導。再加上香港社會普遍存在的價值觀，對從事和身體、性有關的行業的女性，有著根深蒂固的偏見。我們消費著AV女演員的身體和情慾表演，但對她們鏡頭外的人生，除了沒有根據的想像和偏見，幾乎是一無所知。

　　AV女演員在一些衛道之士，或甚至一些學者眼中，長久以來都是不潔，或者被物化、沒有自主性的存在。這部書的重要性，在於它通過一個資深行內人的前線工作經驗，展現了AV女演員比較真實的幕後人生，以及鏡頭前的自我。AV女演員，比她們演繹的角色複雜多了。

金曄路　博士

香港浸會大學人文及創作系　助理教授

推薦序二

色情工業往往被視為男宰制女的剝削場所，是父權社會的特徵之一。在七八十代的歐美女性主義陣營之內，亦不乏對色情的理論批判，甚至出現一些極端的觀點，認為一切的性活動都只是男壓迫女的表現，在雲雨背後仍然是不變的宰制關係。

也許，在七八十年代的歐美社會，女性選擇工作的自由還是受到重重限制，色情工業成為部份女性依靠自己的勞動以換取薪水，在由男性把持的社會階梯上向上爬升的門路之一。然而，在後工業社會裡，工作越趨零散，女性就業率一再提升，以及社會的性地景經歷急促和深刻的轉變，都令僵化的色情批判失去說服力，無助我們了解當下性文化的複雜面貌。

就如現象學家邀請我們置懸判斷，回到事物本身，從事色情研究的學人亦需要回到色情現場，從從業員的角度觀看、理解和體會色情工業。由小掘芳一撰寫，沈文欣翻譯的《和服裏的風景－窺視日本AV製作》，提供了一扇珍貴的窗口，既讓我們走進螢光幕背後，了解AV由選角、拍攝、推銷、出售等各個生產與消費環節，亦讓我們認識AV女優的職業生涯，以及日本近二十年的經濟變遷。

曹文傑 博士

香港中文大學性別研究課程講師

作者自序

　　日本AV業界的發展現況，與我5年前首次執筆書寫《面接~AV女優的真實人生》時，已是天淵之別。業界正面對最嚴峻的經營環境，AV強制出演的負面新聞爆出後，更是雪上加霜。一言以蔽之，AV已經賣不出。這是誰也始料不及的事。AV業界過去經歷過數次危機，都能渡過難關，但如今似乎不復當年勇。在此慘況下，AV業者逐漸把目光投向日本國外。看到AV女優近年積極進軍亞洲市場，漸漸受到亞洲觀眾歡迎，我感到欣慰。

　　如今再次執筆書寫，不禁悲喜交集，左思右想，我決定增補面試AV女優的文章，也記下業界的最新發展和AV拍攝秘聞，希望讓讀者進一步了解AV行業，為業界「衝出日本，進入亞洲」的策略，作一點貢獻。

　　本書能順利出版，全賴沈文欣的幫忙，我心懷感激。對推薦此書的西岡明芳、平野喜久雄、鈴木大資、黑田亞紀子、鄉司利也子、高巢華子、金曄路博士及曹文傑博士，我由衷感謝。最後，我特別向芳賀書店社長芳賀英紀和編劇家神田椿致謝。

　　我誠心祈望AV女優和AV業界能延續不滅的神話！

第一章

業界秘話

1-1 歷來最嚴峻的經營環境

AV創立30多年，一直不被打倒。無論經濟環境如何惡劣，大眾對情色產業仍不離不棄，業界還是逆流而上。可惜，「不被打倒」這神話，近年已破滅，AV業界處於前所未有最嚴峻的經營環境。雷曼迷你債券事件發生之前，AV發展已開始走下坡。

到了2008年，雷曼兄弟破產，拖累全球金融市場，引發股災，一連串金融和經濟震盪，令AV市場萎縮的情況表露無遺。屋漏偏逢連夜雨，五大負面因素，令AV業界面臨歷來最大的危機。

1. AV片氾濫

現在，每月大約有100部新AV製作，即每月約有3,000部新片推出市場。原本以為製作大量不同類型的影片，可刺激銷售，但現實情況是，零售市場持續萎縮，DVD店鋪數目減少，貨架陳列位置有限，銷情一般的AV很快被下架，導致每部AV的市場壽命越來越短，片商的收入自然大受影響。

2. 網路販賣成績不及美國AV業者

科技發達，越來越多人上網看AV，尋找性快感，滿足性慾。網上的AV大多產自歐美和日本，美國的hardcore（硬蕊）AV，賣點是性器官的特寫，一覽無遺地呈現在觀眾眼前。而日本的softcore（軟蕊）

AV，則為符合現行日本刑法，在性器官打上馬賽克。最要命是大部份的網上AV觀眾，鍾情性愛畫面，偏向挑選沒馬賽克的歐美AV，令日本AV在網上的銷情慘淡。

3. 網路上的AV盜版情況猖獗

隨著網路迅速發展，AV盜版情況猖獗，AV市場規模更日漸萎縮，一群年青宅男不屑走訪實體DVD店購買AV，在網上享受免費的盜版AV娛樂。

4. 日本國內市場疲軟　顧客人數下降

AV觀眾多介乎30至60歲，他們收入穩定，有足夠的經濟能力消費。他們不惜前往各地的影帶租賃店和DVD店，用心選購心頭愛。他們的特點是，逗留店內1小時以上，站在貨架前仔細欣賞每部AV封套，細看劇照和影片介紹，理解清楚，才作出租借或選購回家欣賞的決定。

一直以來，AV的營業額，全賴這班中老年顧客的支持。不幸地，時間飛逝，這班支持者垂垂老矣，有的不能再走動，有的回到天國，新一代的年輕顧客又多吃免費餐，導致越來越少人購買AV。可想而知，AV業界的發展又怎會樂觀呢？

更無奈的是，顧客人數下降，製作AV的業者有增無減，僧多粥少，變成困獸鬥，意味着AV業界進入衰退期。

5. 連鎖式影碟店與AV片商利潤分佈問題

DVD連鎖集團，自恃遍佈全國的零售網絡，要求很高的銷售利潤率，令AV片商百上加斤，收入銳減。

過往，AV業界也曾經歷數次的衝擊，但每次總能逢凶化吉，有一兩間AV製作公司可臨危不亂，乘勢而起，突破困局，創出新的潮流，無意間帶領其他製作公司一起越過低谷。可悲的是，現在還沒出現這個牽頭走出危機的強者。

作為AV業界一份子，看到面前的經濟危機，當然感到憂慮。同時，我也為業界因為不景氣，未能提供拍攝機會給每一位想入行的新人而深感遺憾。

現今社會比以前開放，加上不少AV女優收入高，有機會晉升為藝人，想入行的女人數目不斷增加。可惜，業界正處於不景氣狀態，有銷量保證的人氣女優又不多，AV公司為了銷售額，往往只集中起用既有知名度又有人氣的女優，因而導致很多新人入行後，一部AV也沒有拍過的情況。

那個女人願意入行，片商就給片約的年代，已一去不返。

1-2 女優的謊言拖垮AV業界

任何人跟陌生人交談，說的都不一定全是真話。前來面試的AV女優亦然。她們在面試表格中填寫的內容，跟當面對談時說的，往往有所不同。較常見的是刻意減少性關係對手的人數。每當我發現她們的初次性體驗跟至今的性經驗有偏差時，我都不會直接指出，只以不傷害她們的口吻提問：「呀！是否尚有其他對手？」使她們有機會修正面試表格上所填的資料。

一般來說，她們都趨向把性關係對手人數減少，很少會誇大其辭。這種謊言背後，包含了AV女優個人的考量外，還有模特兒公司的商業策略。模特兒公司偏向把旗下的女優塑造成「純情少女」多於「好色痴女」，所以來面試前，有些經理人會指導女優說謊，把有性關係的男人數目降低。

另外，有些女優會刻意隱瞞從事其他性工作，原因可能是她們不想給面試官留下不良印象，以為她們願意提供性服務來換取拍攝機會。有些則是因為想營造純情形象，增加獲聘的機會。

以上的謊言尚可接受，也可歸類為「可愛型」。最卑劣的謊言，莫過於明明她是自願入行，但其AV女優身份曝光，被父母或男友知道後，馬上說成被騙入行，為自己開脫。

AV業界是一個靠女優為生，很怕跟警察纏上的行業，奉公守法的業者，不會自找麻煩，欺騙女優拍片。但是，近年經常爆出欺騙女人簽約，強迫她們拍攝AV的醜聞，當中更不乏知名女優，她們聲淚俱下，在媒體前訴說自己被騙下海，頓時在日本引起了巨大反響。

　　警察介入調查，以「違反勞動者派遣法」為由，逮捕了最具規模的模特兒經紀公司高層。更糟糕的是，律師和人權團體也加入聲援被定義為受害者的AV女優，進一步妖魔化AV業界。

　　最可悲的是，單純因為「AV」這污名，女優的證言往往得到百分百的採納，女優順理成章是受害者，模特兒公司成為加害者，更被以「有害行業」被定罪和罰款。同時，負責製作所謂受害人作品的AV公司，要馬上停止發售及回收那些作品，蒙受莫大的損失。

　　在AV業界打滾30多年，我一直視行內人為好友，面對這班以謊言打擊業界的AV女優，我感到很悲傷。對於那些雪中送炭，為強制拍攝指控辯解的AV女優，我致以敬意。

　　優藤本梨花在微博上說明她所屬的事務所從來沒強迫任何人拍片，並指出被強迫片的話，實在沒可能在這個看重專業演技和技巧的AV行業立足。山崎Makiko在退役後也表示，不以從事AV而感到可恥，AV女優更不是行業的犧牲者和受害者，她們可驕傲的說：「我曾是一名AV女優。」在日本，只要不露出性器官，AV拍攝是合法的，AV製作公司持「映像送信型風俗特殊業」牌照，必須繳稅。按業界守則拍攝的AV，是一種文化商品，裸體演出的男優和女優，是以演員的身份，認真工作。

　　老實說，AV是一個被歧視的職業，有些人會利用大眾對AV行業的錯誤認知，以不還錢就威逼女人拍AV為名，進行敲詐。不幸地，惡名就冠在我們守法的AV業者頭上。

1-3 年青男人不愛看AV之謎

　　70年代，成人雜誌風行，售賣成人雜誌的店鋪如雨後春筍般湧現。當時，為防止顧客站在店鋪翻閱滿載裸照的成人雜誌，這些店鋪一律將約50頁A4尺寸的成人雜誌包上膠套。1957年在神保町創立的芳賀書店，是當時最大的成人書店，3間店鋪每年營業額合共約24億日圓。除了成人雜誌和書籍，書店還售賣AV影碟和成人玩具。

　　第三代社長芳賀英紀透露，以往AV影帶的售價約15,000日元，現在DVD格式的AV，零售價約3,000日元，但書店中的AV銷售量並沒很大變化。聽到銷售量保持穩定，我始料未及，嚇了一跳。由此推算，零售價下調至以往影帶格式售價的1/5，但銷售數量保持不變，即是書店的營業額大幅滑落。

　　社長同時指出，現時店內的AV顧客，年齡介乎30至60歲，他們從年青時開始，已習慣親自到實體店，在AV影碟貨架間穿梭選購。

　　隨科技進步，時下年青人大多習慣從網路下載影片，然後隨時隨地用手機觀看。

　　對於一班年青網民，AV的吸引力更遠不及成人玩具，他們單靠使用成人玩具，已可沉醉在幻想世界，解決生理需要，AV已再無用武之地。部分年青人看AV，甚至不看性愛場面，只專注當中的劇情。例如，他們看搭訕系列AV，只看搭訕認識女優的過程，無視所有性愛畫面。

此外，有些年青人不是看AV，是聽AV。他們邊聽淫聲浪語，邊幻想把女優抱入懷，已樂此不疲。對於年輕人的新口味，片商欠缺勇氣製作沒有性愛畫面的AV去迎合。

長此下去，年長顧客逐漸流失，片商又沒盡力開拓年輕顧客市場，AV業界的命運岌岌可危。

想起來，現在來參加AV女優簽名會的粉絲，都是30-50歲的中年人士。若干年後，這班忠實顧客垂垂老去，屆時還有人來參加簽名會嗎？

AV女優小森愛的粉絲見面會

1-4 內衣褲能拯救AV業界？

經濟衰退，網路盜版猖獗，AV業界的銷售量下滑情況堪稱史無前例。為了救亡，AV片商各出奇謀。數年前，有一家片商想到「DVD內褲組合」的營銷方法，隨首批發行的DVD，附送女優在影片中穿著的內褲及親筆簽名劇照，引起粉絲遐想，挑撥購買慾望。看到這個方法奏效，其他片商也爭相仿效。現在附送的禮物已不局限於內褲，還有胸圍內褲套裝、體操服和泳衣等。

組合是限量發售，通常有200-500份。考慮到顧客感知價值，片商大多送贈即影即有照片，給粉絲留下獨一無二的珍貴感覺。不過，要女優穿上影片中內褲，站著拍攝數百張照片，是一件吃力的事情。我們會找來3位工作人員幫忙，每人手持一部即影即有相機，同時為女優拍照。不過，趕急起來，我們就會用一部數碼相機拍照，然後把一款照片大量打印出來。

照這個拍照方式，附送的內褲只是跟女優在照片中穿著的為同一款式，並非是女優穿過，難怪以往曾有粉絲在AV女優的Blog和Twitter上留言責難，說內褲聞起來沒有味道。但是，我想告訴大家，有片商真的讓女優穿上每條內褲來拍照。

現在，我要公開一個「企業秘密」。這些內褲主要來自中國，每條成本價低於100日圓，把內褲、親筆簽名劇照和DVD包裝在一起的工作人員，不單有公司的年輕女同事，還有我這個老頭。

1-5 「女性向」AV市場的潛力

面試AV女優時，我一定問：「平日有沒有自慰？自慰時用什麼東西輔助？」

她們大多會想像跟前男友纏綿，有些會在性幻想中自由奔馳，部份會用手機上網看AV，邊看邊自慰。

提出平常難以啟齒的自慰問題，目的是窺探她們的性愛態度，從而評估她們將來演出AV時的表現。如果她們面對我這個初次見面的陌生男人，也可坦言自己最隱私的性生活習慣和經驗，我相信她們對性愛這回事會比較正面。一個能侃侃而談自慰話題的女人，將來在AV拍攝現場，應該會真情流露，床上表現更自然。

再深入問下去：「哪類型的AV會讓你容易達到高潮？」

答案是可愛型AV女優演出的作品、強姦和痴漢AV系列，與男性觀眾喜歡的差不多。

注意到女性有看AV的需求，有片商在2008年構想出針對女性設計的AV品牌Silklabo，起用全女班的製作人員，從女性觀點創作，拍攝迎合女性觀眾口味的AV。「女性向」AV在發展初期，成績不及預期，直到三四年前，才漸漸得到女觀眾的垂青，現在專門拍攝「女性向」AV的英俊男優，大概有10名。過去幾年，有些AV片商也跟風開拍「女性向」AV，但都是失敗離場。

「女性向」AV的拍攝重點放在故事內容上，以男女愛情為故事主軸，情節循序漸進，營造溫馨浪漫的感覺，帶出療癒的效果。與針對男人市場的AV不同，「女性向」AV中的前戲時間比較長，甜言蜜語的對白也較多。至於性行為畫面，會包含男優戴上安全套的過程，而結合過程相對溫柔，甚少出現男性器官的特寫鏡頭。當然，影片中的男優都是女人喜歡的美男子。

「女性向」AV的興起，令業界出現了兩個新現象。以前，只有專屬AV女優，現在AV男優也可獲簽專屬合約。宣傳活動方面，也不是AV女優專利，坊間已舉行了多場AV男優見面會和AV男優咖啡廳活動。見面會的入場費約3,000日圓，參加者年齡大多是30歲左右，有時吸引多達100人參加。見面會包括脫口秀、問答環節和抽獎，獎品通常是男優的內褲。

重頭戲是與男優合照，每幀照片收費1,000日圓，對女觀眾而言，有機會親近男優是不可多得的機會，所以常常出現排隊等待的人龍。

至於AV男優咖啡廳活動，入場費更貴，3小時活動收費1萬日圓，餐點費另付。每名參加者享有5分鐘時間，近距離與男優接觸，可以合照、抱抱和親親。「女性向」AV為業界開發了一個新的市場，我們期待另一個新市場盡快出現，讓業界有機會走出谷底。

1-6 日本女人OK，其他亞洲女人NG!

20多年前，有AV片商遠赴菲律賓拍攝，劇情描述日本人AV男優走上街頭，搭訕認識菲律賓女性，然後共赴酒店度春宵。此「搭訕」AV作品推出後，引起菲律賓媒體注意，以「有辱國家」為由大肆報導，影響日本和菲律賓的外交關係。

當時負責AV審查的「影像倫理協會」，更發出指引，拒絕審查亞洲地區其他國家女性演出的AV，片商只好遵守規則。

不過，日本AV仍有外國人女優演出，如俄羅斯、東歐、歐洲和美國等白人和黑人女性，她們的作品從沒惹來非議，AV審查機構也沒拒絕為這些海外作品審查。

菲律賓事件發生後，我好奇「為何只有亞洲女性才會引起問題？」仔細想想，對於亞洲其他國民來說，自己國家的女性跟日本男人拍攝性愛場面，就是覺得很不爽，那或許與昔日的戰爭問題有關，他們的心情，我可以理解。

多年以來，日本AV似乎都沒有亞洲地區其他國家女性演出，其實暗地裡，有片商魚目混珠，找來會說日語的亞洲女性，為她們改一個日本人藝名，裝成日本人AV女優出道。

過去，有一家AV製作公司的社長，曾請我面試一位韓國女人，她一副瓜子臉，美艷動人，身材高挑，胸前豐滿，是男人喜歡的女優類型。我把她的資料檔案給其他同事閱覽，商議製作AV的可能性，大家都覺得她在日本留學多年，說得一口流利日語，如果以日本AV女優名義出道，定成暢銷女優。

但是，考慮到影像倫理協會的指引，以及女優的韓國籍身份一旦被發現而帶來的問題，大家只好忍痛不錄用她。人棄我取！她最終在另一家AV製作公司出道，作品真的如我們所料大賣。

知道這個消息後，我心情很複雜，在守法和營利兩者中，還是選擇前者為佳。現在，AV女優演出強制事件鬧得滿城風雨，人人自危，片商對女優的身份確認，比以前更加嚴格執行，應該再沒片商鋌而走險，聘用會帶來麻煩的女優吧。

一直以來，我曾幻想要是有亞洲女明星投身日本AV行業，對業界來說可能是好事，或許可提升AV女優在日本社會上的地位。可惜，因為歷史原因，這個幻想恐怕難以成真。

1-7 專屬AV女優的簽約攻略

經我面試的女優，大多是性格和學識一般的鄰家女孩。當中有一些天生可愛，自小常被稱讚「好可愛」、「好美麗」......因而自信滿滿，恃寵而驕。尤其在AV這個依靠女優而生的行業，行內人會特別遷就女優，對她們愛護有加，令有些女優自我感覺良好，不期然沾沾自喜。

至今我印象最深的是一位準備跟敝公司簽約的專屬女優A子，她的樣子和身材出眾，15歲已出道，拍攝Image DVD，成為性感寫真模特兒，知名度和人氣都非常高。如果能成功跟她簽約，必定為公司帶來可觀的利潤。

終於等到簽約的日子，會議進行時，A子突然對經理人公司老闆說：「我絕對不想為你賺錢！」

突如其來的尷尬場面，嚇我一跳，「吓！」一聲不小心從嘴巴滑出來。其實，業界常有任性無禮的女優，隨意呼喝經理人或同場工作的人，但像A子對公司老闆出言不敬的行為，我倒是第一次見識。

想不到的是，A子不單惡言相向自己的老闆，更對我提出無禮的質詢：「如果我和B公司簽約，你覺得合約金額大概有多少？會不會高於你們提出的金額？」

我又不禁發出「吓！」一聲，感到有點不悅，心想：「這女孩是什麼人？」

在業界打滾30多年，談合約時，總不能喜怒形於色，我好言相勸：「其他公司可能會比我們多付合約費，但市面上像我們一樣愛惜旗下女優的傳統AV公司，就少之又少。」

結果，A子決定跟我們簽約。回想起來，這次成功簽約，應歸功於我們公司的誠實態度，對於她重視的合約金額問題，我們沒有迴避，反而老實承認其他公司可能付出更多。我相信就是這點誠意，取得她的信任，從而跟我們合作。

一如所料，A子打著「現役性感寫真女郎」的旗號，在AV界出道，銷情勢如破竹，屢次打破銷售紀錄，人氣爆燈。

A子最厲害的地方是她待人接物的方式，對外對內各有一套。在拍攝現場和出版社等外人面前，永遠笑容甜美，禮貌周周，大家都稱讚她是個好女孩。回到公司，對著經理人常常擺臭臉，她的老闆也受了不少苦頭。多年後，我偶然在街上遇到已引退的A子，靠著拍AV賺來財富過著閒適生活的她問：「小堀先生，你是否很討厭我？」

「沒這樣的事！」我斬釘截鐵地說，縱然她的行為令我大開眼界。

1-8 經理人奮身保護AV女優

AV女優經理人是一份吃力的工作，差不多全年無休，隨時候命，為女優安排工作和活動日程，聯絡各方的合作伙伴，跟進拍攝和活動現場的大小事務，打點一切。在AV拍攝日，攝影隊通常早上八九時便到達攝影棚集合，一般拍攝至晚上，有時會深夜12時才收隊。為免女優睡過頭遲到，影響拍攝進度，連累模特兒公司負上連帶責任，有可能被要求承擔因遲到而引起的額外費用，經理人必定會早上致電女優，叫她們起床，然後跟她們一同前往攝影棚。

經理人對於不同級數的女優，亦會有不同照顧方式。一線「單體女優」和銷量高的二線「企劃單體女優」的經理人，在AV拍攝當日，一定會全程在現場跟進，陪伴女優至拍攝完畢，然後送她們回家。至於三線的「企劃女優」的經理人，在早上帶女優到拍攝現場後便離開，把女優交給現場工作人員照顧，工作人員有時也會仗義送她們回家，但大多數的情況，都是女優獨自回家。

一個成功的經理人，不僅為AV女優爭取工作，還要具備化解危機的能力。經理人T先生為人親切，待人和善，獲公司旗下AV女優的信任，遇上任何問題，她們都會找T先生商量，就算是無理的要求，T先生都會盡力滿足。他曾義無反顧，拼死為一個女優捉賊。

某個深夜，人氣AV女優SN小姐完成AV拍攝工作，回家看到露台上晾曬的內衣褲不翼而飛，初時以為被風吹掉，四處查看也找不到，聯想起：「難度有內衣褲小偷？要不要報警？」

當想到自己從事AV行業，找警察可能被發現真正身份，惹來不必要的麻煩，SN小姐決定自己問題，自己解決。她想到故佈疑陣，買些男性內褲，在晾曬內衣褲時，一同放在露台，營造與男友同居的假象，希望嚇退小偷。

數日後，AV拍攝完畢，SN小姐回家後，馬上到露台查看，發現自己和假男友的內褲都被偷去，心感不妙，馬上向T先生求救，T先生義不容辭：「好！我們一起捉小偷吧。」

到了約定捉小偷的日子，二人先在露台上晾曬內衣褲，然後躲在屋內，監視露台的情況。從早上到中午，二人提高百倍警覺，注視露台，內衣褲一動不動的在衣架上，沒有半點動靜。他們的戒備心開始鬆懈，邊喝酒邊聊天，不知不覺喝得酩酊大醉。一覺醒來，已是晚上8時，二人慌忙跑到露台查看，發現所有內衣褲都被偷去，非常憤怒。

他們決定要復仇，改日再在露台晾曬內衣褲，並進行嚴密監視。這次，他們不再喝酒，一直全神貫注盯著露台。下午5時左右，天色轉暗，他們在貼近鄰座單位間隙間看到一個男人的身影，T先生拿起竹刀，跑向露台，高呼：「你這個混蛋！」內衣褲小偷被T先生的舉動嚇倒，慌亂中大叫了一聲：「SN小姐！」便從二樓露台往下跳。想不到那小偷身手非凡，安全著地，飛奔逃去。

從此之後，內衣褲小偷再沒出現，但事情沒劃上句號。小偷逃亡時大叫「SN小姐！」的舉動，其實意味了有人知道AV女優SN小姐的住址，因此惹來小偷。SN小姐越想越感到不安，最後決定搬家。

1-9 高學歷 = 高銷量？

跟其他行業的面試不同，AV業界對於應徵者的學歷、學業成績、技能、性格、知識、工作經驗並不看重，我們挑選AV女優的條件，首要是美人樣貌、火辣身材。

不過，業界過去為刺激銷量，曾聘用不少高學歷AV女優，以「國立大學出身」、「名門女子大學卒業」、「東大卒業」、「關西名門女子大」等名稱製造噱頭，勾起粉絲的遐想。

早在80年代，導演村西徹便找來在橫濱大學讀藝術的黑木香拍攝AV，一系列的SM片，令她名利雙收。回想以往出道的高學歷AV女優，印象中還有日本中央大學法學院的清見玲和東京大學醫學系的中村芳美。部份女優更獲頒碩士學位，如美國哈佛大學的原早苗和東京大學的月丘兔。

另外，2004年出道的慶應大學生佐藤琉璃，引退後考進東京大學研究所，以鈴木涼美之名當記者和作家，出版了一本書《AV女優社會學》。何時會有一個博士AV女優出道呢？

無可否認，高學歷AV女優，才貌雙全，早年屬稀有品種，物以稀為貴，她們主演的新片，往往引起話題，吸引AV粉絲的注意。可惜，現在情況大不如前，名校大學生AV女優已抓不住觀眾的眼球，她們的AV銷量平平，很多時還不及賽車女郎和空姐主演的AV作品受歡迎。

1-10 AV女優與藝人交往福禍相依

一直以來，我總覺得AV女優是很不可思議。

她們在眾目睽睽下，脫光衣服，演出AV，招人閒話在所難免。以前，她們和家人都會被別人冷待或斷絕往來，飽受孤立和排斥。

現在跟以往被別人孤立的情況，完全相反。AV女優不再活在暗角，她們可以性感藝人的身份，光明正大地亮相綜藝節目，演出舞台劇，拍攝電影。她們的裸體和性感照片，在雜誌和體育新聞報紙刊載，流通於各大便利店。

每日，她們會在秋葉原的成人用品店或全國各地的影碟店，出席簽名會和攝影會，跟粉絲近距離接觸。在六本木，更出現大型的AV女優夜總會。

各式各樣的夜店，都有現役或退役的AV女優駐場，不少雜誌和體育新聞報紙，更會以專欄型式，刊載AV女優駐場的Soapland（特殊浴場）風俗店資訊，吸引讀者購買。

如果知名藝人（包括諧星和星級運動員）說過喜歡哪位AV女優，又或AV女優和帥哥偶像傳緋聞，媒體都會大肆報導。

值得慶幸的是，名人、藝人、社會人士或有地位人士對AV女優的青睞，令她們曝光率大增，聲名鵲起，存在價值大大提高，被更多人認同。

有機會跟藝人交往，已成為現時不少女性加入AV行業的一個原因。

我在AV業界工作多年，時有聽聞認識的AV女優跟知名藝人交往。某個晚上，我接到相熟女優的電話：「我跟知名藝人的戀情，被媒體發現，他們在追訪我，我現躲在酒店房，怎麼辦？」

兩個成年人交往，本來是一件普通不過的事，但藝人和AV女優是公眾人物，他們的緋聞，一旦被公開，定會惹來媒體鋪天蓋地的報導，刺激雜誌銷量，對當事人卻不一定有好處。

早前，日本尊尼組合嵐成員松本潤，被雜誌拍得多次到訪AV女優葵司的家，事後兩人都沒表態，但葵司遭到松本潤粉絲在twitter留言炮轟，令她一度把twitter關掉，影響工作，真的可憐。

我決定把AV女優的秘密，一同帶入墳墓。

1-11 真‧假「中出」的拍攝秘密

AV發展至今近40年，曾創出不少性技巧和性行為相關的流行語。

先說「駅弁」（火車便當），源自AV男優巧克力向井常用的性交姿勢，影片中，他常常像霸王舉鼎一樣，用雙臂抱起女優進行活塞運動，看起來就像火車上賣飯盒的人，舉起便當時的姿勢。

至於「顏射」（面部射精），則是AV導演村西徹在拍片時，無意間發明。某天，村西徹拍攝一場AV女優為男優口愛的場面時，男優一時把持不定，把精液噴到女優面上，那一瞬間拍攝到的意外畫面，在推出市場後，大受歡迎，從此成為AV的一個暢銷類型。

芸芸流行語，絕不能不提「中出」（體內射精）。影片中，男優女優在不配戴安全套的情況下性交，然後男優在女優陰道內射精，鏡頭最後會特寫精液從女優陰部慢慢流出來。

「中出」AV，大致分為兩種。

1. 疑似「中出」

拍攝前，助導會參考男優的真精液濃稠，把合比例的蛋白和咖啡奶精混合，製成男優的假精液，然後放進小型針筒。拍攝時，男優把裝有假精液的小針筒藏在掌心中，跟女優交歡，快要到達高潮時，便盡量避開鏡頭，把針筒內的假精液注入女優的陰道，待抽出性器時，假精液便從女優的陰部慢慢流出來，方便導演拍攝大特寫。

遇上對雞蛋或牛奶過敏的AV女優，助導會改用香蕉果凍飲料來製作假精液，因為飲料中的香蕉汁濃稠，跟真精液很似。

2. 真‧「中出」

拍攝時，男優不配戴安全套，便跟女優性交，並在她的陰道內射精。所以，拍攝前，男優和女優都被要求到診所做性病檢查，然後向AV製作公司，提交一份距離AV拍攝日兩星期內的驗身報告。

大致上，AV女優和AV男優的檢查項目是差不多。

當然，檢查費用由AV製作公司負責。一般來說，檢查費用約10,000至40,000日圓，視乎檢查項目多寡和檢查報告等候時間而定。如果趕著拍攝跑去檢查的話，自然要額外付費，以便特快領取報告，趕上拍攝的日程。拍攝真「中出」AV最大的風險，是女優意外懷孕，所以業者都會做好預防措施，以免弄出人命。

拍攝完畢，助導會給AV女優兩粒事後避孕丸，第一粒要在完成體內射精的拍攝後馬上服用，第二粒則在吞下第一粒藥丸後兩小時後服食。有些AV製作公司，非常謹慎，會要求女優在拍攝前一個月，便開始服用避孕丸，以防女優拍攝前和拍攝後懷孕。

AV女優的檢查項目表：

☐ HIV抗體檢查　（免疫層析試紙分析法）

☐ 梅毒抗體檢查　（免疫層析試紙分析法）

☐ 乙型肝炎表面抗原檢查　（免疫層析試紙分析法）

☐ 陰道衣原體性病檢查

☐ 陰道淋病檢查

AV男優的檢查項目表：

☐ HIV抗原‧抗體

☐ 乙型肝炎　（s抗原）

☐ 梅毒定性　RPR法

☐ 梅毒定性　TP法

☐ 尿淋菌　PCR法

☐ 尿衣原體性病　PCR法

1-12 AV系列創作靈感

專屬AV女優推出第一部出道作品後，第二部作品的銷售額通常會滑落，所以AV片商的生存之道，是想辦法穩定在合約中訂明的AV作品數目的銷售額。

出道作品比較珍貴，大家都好奇想看，部份粉絲更只鍾情AV女優出道作品，因此第一部作品最熱賣是人之常情。

推出第二部作品時，如果影片內容（如女優的可愛度、美麗度、性感度等）偏離觀眾的期望，影片銷路便由此部作品開始下滑，餘下的合約影片數目必然出現赤字，片商有可能再也負擔不起餘下作品的演員費，因而要終止合約。以上所說的情況，也同樣出現在藝能人AV女優身上。

所以，AV片商在拍攝第二部作品時，會加入更激烈的性愛場面和企劃內容，刺激銷量。久而久之，企劃內容相同，但由不同女優演出的作品，便形成AV系列，而AV系列則有助穩定作品的銷量。

我工作的公司Alice Japan曾創作出不少熱賣的AV系列：
1. 女尻系列：特寫女性臀部
2. 逆Soap天國：反轉浴場女服侍男的傳統，由男優為女優洗澡。
3. 人間廢業：女優下滑至企劃級數的告別作

近年，我們推出的新系列《出会って〇秒で合体》（相遇0秒合體）大受歡迎，其實是由一個導演，花了5年時間創作出來。導演最初只想到「出会って」（相遇）和「〇秒」這兩個詞彙，經過反覆試驗，從失敗中汲取經驗，最後才想到加上「合体」（合體）一詞。

此系列成功的秘訣在於標題，用詞精簡、直接、易明，當中的「秒數」是變項，可改成4秒或5秒，不同的秒數配合不同的AV女優拍攝，又帶來與別不同的新鮮感。

平日，導演喜歡研究其他AV片商的作品標題，從他人的標題用字找到創作靈感。他前陣子有兩個新想法。第一個從「安全套」開始聯想，創作出《すぐに　やぶれるコンドーム》（馬上破掉的安全套）。第二個則由「紙巾」想起，創出《あなた専用のティシュになります》（成為你專用的紙巾）。

一個AV系列的創作過程，往往要1至2年時間，每部AV都是台前幕後工作人員共同努力的成果，我真的希望大家不要只站在道德高地，看輕AV拍攝的工作。

AV作品並非單純的自慰工具！

1-13 拳擊手鄉司利也子裸不得

30多年前，我已跟自己說：「不可做個AV白癡，不可只跟AV業界的人往來。」

我決定大膽主動出擊，拓展人脈。透過朋友的朋友，我開始結識了在唱片大企業工作的人，然後再在舊雨新知的幫忙下，進一步認識不同界別的朋友，包括演藝界、電視界、電影界、出版界、企業家、官員和政客。

人脈關係是我工作上重要的資源，特別是演藝圈朋友，他們時有介紹樣貌標緻，有志投身AV界的女性給我，部份女性日後更成為人氣AV女優。

某日，一位演藝公司老闆來電：「我想介紹一位美女給你認識。」

我們相約在澀谷一間咖啡店碰面，那位美女原來是F cup身材的專業拳擊手鄉司利也子。

我問她：「你有想過怎樣發展事業？」

「我希望能夠像壇蜜一樣，在寫真界和電視界發展。」

鄉司利也子和壇蜜年齡相約，都是30多歲，以她的美貌和曲線迷人身材來說，是可造之材，我答應幫她找到性感寫真拍攝和Image DVD的工作。

為鄉司利也子找工作，碰到一些問題。首先，她是一個真正拳擊手，隸屬女子專業拳擊協會，受協會規則所限，她拍攝性感照時，不可全裸，乳頭和陰毛不能外露。

另外，拳擊協會還有一個規則，穿上泳裝和內衣褲拍照時，不可擺出任何拳擊動作。萬一觸犯上述規則，就會喪失專業拳擊手資格，所以她絕不能接受拍攝內容過激的工作，換言之她能接受的工作範圍很狹窄。考慮到這些問題，我當然也沒邀請她加入AV業界。

認識後，我們時有一同吃飯。在某次拳擊比賽舉行前一個月的飯局上，鄉司利也子誓言：「如果比賽輸了，我日後會送給出席今次飯局的每位男女朋友一個香吻。」比賽結果真令人失望，鄉司利也子勝出，我們得不到香吻。

過了一陣子，又有另一場賽事舉行，我們眾人組團到比賽現場為她打氣。這次，鄉司利也子輸了，她淚流滿面跟我們道歉：「對不起！對不起！」

後來，我終於為鄉司利也子找到演出工作，她拍攝了3部Image DVD，人氣急升後，跟大型藝能事務所簽約，接到電視台節目嘉賓和雜誌性感寫真拍攝工作。我祝願她事業更上一層樓！

1-14 黑道大哥出沒注意

一般人很少跟AV業者接觸，男士們往往對我們這班常被女優和性事包圍的AV業者，投以艷羨目光，行外男人會時有請我介紹AV女優給他們認識。

在一個聚會上，我透過電影監製朋友，認識了知名電視男優YR先生。自此之後，每次見面，我都會把公司的AV宣傳樣板送給他。喜孜孜接過禮物後，他總親切地用我的暱稱來跟我道謝：「小堀、小堀，謝謝！」

某天，我接到YR先生來電：「我認識的一位公司老闆是AV女優A子的粉絲，可否拜託你安排一次飯局？」

不負所託，我聯絡上A子經理人公司老闆，說明YR先生的背景和要求，成功安排了飯局。

到了約定的日子，A子、經理人公司老闆和我，一行三人準時抵達銀座一家高級壽司店。打開大門，準備進入之時，我們一同發出「呀」一聲。

店內不設桌椅，只有壽司吧前的座位，YR先生和兩位穿黑色西裝的男人已就坐，入口處有一個身材健碩的年輕男人站著守候。

糟透了！他們看來就像黑道中人，兩位黑道大哥在享用壽司，年輕男人就是護衛小弟吧。怎麼會變成江湖飯局？事到臨頭，就算我們多麼不情不願，也不能逃之夭夭。我們三人交換了一個眼神，心領神會，決定硬著頭皮，走進壽司店座下。

YR先生馬上介紹兩位黑道大哥給我們認識，我故作鎮靜，若無其事的跟他們交換名片。其中一位大哥說：「我平常都不交換名片。」然後向護衛小弟瞄了一眼，小弟便從黑色小手提包抽出一張名片給我。

不得了！名片上印有日本最大幫會組織的徽章和名稱，而且比普通名片厚身。我心知不妙：「是真的，真的是黑道。」

飯局開始，壽司師傅做一件，我們立即吃一件。我相信壽司是味道鮮美，可惜心情緊張，我已吃不出壽司的味道。戰戰兢兢的又豈只我們三人，還有老年的壽司師傅，恐怕是黑道大哥的威嚴霸氣使然。

很多人以為AV業界與黑道密不可分，事實卻相反，我們最介意跟黑道扯上關係。一旦被誤會與黑道有關係，製作費由黑道資助的話，警察就會找上門。所以，AV業界有一條很重要的守則，業者必須努力避免跟黑道有任何形式的往來。想起這條守則，我暗忖：「如果不盡快吃完離開就糟糕了。」

飯局最終在一片緊張的氣氛中圓滿結束，怎知我卻交上惡運，其中一個黑道大哥跟我回家的方向一樣，他提出用汽車送我回去，盛情難卻，我無奈應允。由於我不想他知道我的住處，當車駛至距離住所約兩千米的車站，我便要求下車。

走在暗黑的街上，我心有餘悸。

隔日後，我到A子經理人公司向A子和老闆道歉，幸好他們都諒解我的苦況，明白我事前也不知是一場黑道飯局，接受了我的道歉。

想不到兩位黑道大哥很滿意之前的飯局安排，希望YR先生日後再邀請我們相聚同樂，我只好如實告訴YR先生：「AV業者是不可跟黑道有任何瓜葛，否則會惹來警察上公司調查。」

從此之後，我再沒接到飯局安排的要求，總算鬆一口氣。至於兩位黑道大哥的名片，仍存放在我的卡片盒內。

這是一個不能說的秘密。

1-15 最大型AV粉絲感謝祭

日本AV業界最大規模的粉絲感謝祭Japan Adult Expo 2016，於2016年11月10日至11日，在東京都江東區有明展覽館舉行。會場匯聚全國知名AV片商，有百多位一線和新人AV女優出席，盛況空前。

對於粉絲來說，可以一次過見到這麼多女優，還有近距離接觸和合照的機會，絕對是難能可貴。所以，首日展覽開始前一小時，會場門外已有3,000多名粉絲排隊等候入場，早上10時正式開幕後，粉絲接過精緻的展覽資料袋，隨即衝往各個攤位。

會場擠得水泄不通，場面墟冚。依照消防要求和警察發出的指引，大會只好實施人流管制措施，令很多粉絲要冒着寒風，在會場門外排隊等待兩個多小時才能進場。

在Alice Japan的攤位，我們除了發售DVD、T-shirt、AR18明信片外，還設有專屬女優赤根葵專區，讓粉絲跟她獨處一分鐘，其間可以聊天、拍照和玩遊戲。

今次的活動，參加者大多介乎25-40歲，年青粉絲到場是我始料未及，很是驚喜，我彷彿看到希望之光，AV業界終會排除AV女優強制拍攝負面新聞和經濟衰退的影響，突破困局。

第二章

AR & VR

2-1 AV與科技親密相伴

80年代，AV的出現，令JVC開發的VHS，勝過Sony的Betamax，在錄影帶制式大戰中，成為大贏家，並對家用錄影機的普及起了莫大作用。

跨入千禧年代，DVD取代VHS錄影帶，成為AV的主要儲存媒體，DVD播放機市場普及的速度甚至超越音樂CD。所以，有些海外廠家甚至提出，以AV去促使「新媒體」的普及化。

「新媒體」種類繁多，當中的USB，體積小、容量大，隨插即用，方便儲藏AV。顧客在影碟店購買一個約3,000日圓的USB，便可在店內電腦中挑選喜歡的AV，下載至USB帶回家欣賞。

約8年前，Soft On Demand AV公司更推出「R-18 USB」AV商品，讓觀眾在網上挑選心儀影片，再由AV公司把影片下載至USB，郵寄到觀眾家，通常在接到訂單後5個工作天便寄出USB。

影碟店顧客其實也可選擇把AV下載至手機專用的Micro SD卡，當時下載一部AV到手機欣賞，跟買一片DVD AV的價格差不多，也是約3,000日圓。售價沒有比較便宜，但就是買了方便，可隨時隨地用手機看AV。

　　「新媒體」中，還有Blu-ray（藍光影碟）和3D，部份AV影片亦會提供Blu-ray和3D格式，讓觀眾體驗更高層次全高清3D娛樂。可惜，這類格式的AV銷售平平。

　　另外，有些觀眾會一邊看AV，享受裸體和性愛場面撩撥他們的感官，一邊把玩情趣玩具，來增加興奮和滿足感，令情趣用品的需求大增。近年，市場上更出現了新銷售模式，智能性玩具配合VR影片同步互動，把AV觀眾帶進一個更有「性趣」的幻想世界。

　　現在，「新媒體」流行AR和VR，日本AV業界已進入「AR元年」和「VR元年」。

「R-18 USB」AV商品

種類	影片	USB 容量	價錢
R-18 Memory Premium	3Mbps 影片 1 部	4GB	2,980 日圓
R-18 Memory Gorgeous x 3	750kbp 影片 3 部	4GB	2,680 日圓
R-18 Memory Gorgeous x 5	750kbp 影片 5 部	4GB	3,380 日圓
月刊 SOD	宣傳片	2GB	980 日圓

2-2 AR來了，隨時隨地蜜會ＡＶ女優

AR（Augmented Reality／擴增實境）在90年代已開始發展，直到2016年透過「Pokémon GO」遊戲，才在市場上造成轟動，讓更多人認識AR，體驗AR的娛樂性。

AR的應用方式，是在現實場景中加入虛擬物件。我們只需透過智慧型手機的後鏡頭，拍下真實世界的影像，然後經由App（第三方應用程式）將虛擬物件放在手機螢幕上，便能體驗互動的AR，感受自己在真實空間跟虛擬物件彷彿在互動。AR並非創造一個虛擬空間的體驗，因為我們在整個AR體驗中，其實仍活在真實世界。

現在，日本AV業界已開始運用AR技術，讓粉絲跟AV女優進行互動。想率先體驗的話，智慧型手機用家，可到Google Play或App Store，下載一個AR18擴增實境App。把App打開後，手機上的後鏡頭便會自動啟動，用家只要把手機以傾斜的角度，瞄準特別設計的AV宣傳單張、明信片或海報，AV女優的影像，便會擴增到手機鏡頭所補捉到的現實世界畫面中。

AV女優的映像更會隨手機移動的方向，擴增到用家當時身處的現實空間中，營造一個用家跟AV女優共處的親密體驗。如果有朋友一起玩，可做到用家跟AV女優合照的效果。

　　早前，我跑到運用AR技術的3D拍攝現場，見識新科技的幕後製作。在Green　Screen（綠屏）攝影棚，穿著三點式泳裝的AV女優，站在一個可旋轉的綠色檯板上，並隨檯板的轉動，搔首弄姿，大擺各種誘惑姿勢，時而站著，時而跪著，時而躺下，讓攝影師拍攝。數日後，我在家裡打開手機上的AR18　　App，看到當日拍攝現場的AV女優，在我房間出現，療癒作用一百分！

作者用AR18與赤根葵合照

2-3 AR18 & AV女優

あかね葵

Small size

AR18

3D影像觀賞方法

1. 掃描左圖的QR Code條碼

2. 下載AR18應用程式

3. 開啟手機上的AR18應用程式，把鏡頭以傾斜角度，瞄準此書頁上
   AV女優便會出現在手機螢幕上。

AR18企劃及製作：EEM Japan http://www.eternalemptymusic.com

あかね葵

Small size

AR18

3D影像觀賞方法
1. 掃描左圖的QR Code條碼
2. 下載AR18應用程式
3. 開啟手機上的AR18應用程式，把鏡頭以傾斜角度，瞄準此書頁上
   AV女優便會出現在手機螢幕上。
AR18企劃及製作：EEM Japan http://www.eternalemptymusic.com

2-4 VR是AV業界的救星嗎？

VR（Virtual　Reality / 虛擬實境）已走進日本AV市場，有些AV片商也推出了VR&AV網上專區和App，提供360度視角觀看效果的AV。戴上VR頭盔，用家有如親臨AV現場，感覺AV女優相伴在旁，視聽體驗和代入感都非常高。片商SOD更在秋葉原開設了VR體驗店，讓粉絲在獨立房觀賞VR&AV。

看VR&AV，必須有頭顯設備，否則是體驗不到身歷AV現場的臨場感。所以VR&AV片商會同時出售VR頭盔和Cardboard配件，售價介乎1,000至10,000日圓。單是視覺及聽覺享受，用家可能仍感覺不夠性福，所以有些片商還從「成人玩具」著手，提供俗稱「飛機杯」的配件，讓用家享受更舒服的私密時光。

VR技術應用在AV中，真的能帶領業界擊退前所未有的衰退危機，再次壯大起來嗎？消費者會買單嗎？這還是未知數，但我知道製作VR&AV，正面臨三大挑戰。

1. 製作成本壓力

片商在製作VR&AV前，要先投入大量資金，添置專業VR拍攝器材。拍攝時，為了取得360度視角效果，女優、男優和攝製隊的工時以及影棚的租用時間也勢必延長。同時，VR&AV的影片檔案比普通AV大，片商必須投資更多頻寬，減低消費者下載檔案的時間。以上種種，都令製作成本急增。

2. 馬賽克問題

眾所周知，在市面上合法流通的日本AV，男女優性器官都被打上馬賽克，奉公守法的片商更會在影片推出市場前，把影片送到審查機構檢查，沒問題才公開發售。

VR&AV當然也不能赤裸裸展示性器官，但在360度視點的VR&AV中打上馬賽克，難度肯定比平常高，所需的時間和費用亦異常高，無形中又增加了製作成本。另外，審查機構也要作出相應的措施，如研究新審查方法和人手安排。審查一部VR&AV比普通AV，肯定更花時間，審查機構能否應付得來？片商又負擔得來嗎？

3. 體驗後的暈眩感

VR產品帶來的眩暈感覺，目前仍未完全解決，使用10-15分鐘左右，沒大問題。但是，AV一部動輒一兩小時，觀眾可以忍受得來嗎？

第三章

裸體面試

3-1 招募新人AV女優

途徑一：AV製作公司刊登「女優募集」廣告

看到廣告，全國有不少女人會來應徵，卻不會有美女。有時候，甚至會被玩弄一場。

2009年初某天，我接到一通電話，對方說：「我想拍AV。」女人在電話中自稱美雪，住在大阪，23歲。她顯得楚楚可憐的問：「我可以在AV業界工作嗎？」

「放心，請自信一點！」贈上勉勵說話後，我要求她先把一張照片傳給我，並問了她的手提電話號碼。

幾天後，美雪又來電，提出了一個奇怪的要求：「我很想phone sex，行不行啊？」

要是不答允，她或許會接觸其他製作公司，那就麻煩了。為免她蟬曳殘聲過別枝，加上好奇心的驅使下，我馬上拿著手機，走進公司的洗手間，躲在其中一個小格子，跟她通過電話展開情慾對話。

自此之後，她每星期會打兩次電話來誘惑我，電話玩意持續進行了一段時間，仍然收不到她的照片。我不由得焦急起來：「趕快把照片傳過來吧！」

她呆了半晌才說：「對不起，其實我是一個男人。」什麼？男人？我真不敢相信自己的耳朵。美雪改用男人的聲線跟我道歉，這使我不得不接受「她」是個男人。正確來說，美雪是一個she-male，上半身是女人，下半身是男人。

「我沒有戀人，感到寂寞難耐。這樣騷擾你，真的對不起！」說罷便掛線了。天啊！我竟然跟一個男人有過一個月電話性愛，當中還有過興奮感覺。我把這難以置信的經歷，跟一個在成人雜誌工作的朋友分享，想不到他一點也不驚訝，反而說：「我們編輯部也經常遭到電話性騷擾，有的內容十分淫藝，不堪入耳。」原來AV製作公司及成人雜誌編輯部，已變成發洩性慾的對象。

途徑二：星探

模特兒經理人公司僱用星探公司於街頭發挖潛在的AV女優，星探物色到女人，上前招應，招來美女機會很高。至於哪些女人較易成為AV女優？星探朋友傳授了以下三個心得。

1. 入字腳走路的女性，較易停下步交談，若能說服她，多會入行。相反，直腳、哈巴腿的女性，成功的機會較微。

2. 看來全身名牌，某一處卻脫了節的女性易鈎。例如，身穿名牌衣服，手提名牌包包，腳上的鞋卻是平價貨。

3. 獨身逛街的女性。跟朋友一起的不必理會，因為即使有興趣拍AV，女人在朋友面前，都會裝腔作勢，斷然拒絕。可是一個人，沒人看見，有時間，就會聊天。談得來，便去模特兒公司進行面試。

如果對方是兩個人，那就得有點策略了，邀請二人到咖啡店，首先奉承那個醜的，等那個醜女去了洗手間，就對美人說：「其實我想捧起你，像你這樣的女人，會成為明星。」讓女人有了自尊，兩人中就有一個這樣上鈎。

星探的獵艷地點

主要在新宿、池袋和澀谷的車站及購物熱點如歌舞技町和109，因為這些地方人流量大，又多年青女孩和OL出沒，而她們的質素也相對較其他地區的女性高，是單體女優的盛產地。

狩獵人妻熟女的話，星探會去她們常出沒的100 Yen店、影碟店，那是因為他們認為去影碟店的女人，即代表有空閒時間，以及想找刺激，較易上鈎。

由於東京都已有大量星探駐守，在競爭激烈的情況下，星探難以找到合適女優，所以有些星探已轉往橫濱、千葉縣、埼玉縣或大阪狩獵。

3-2 面試 START!!

面試主要分為對談及拍攝裸體照片兩個部份，每部份約花半小時，合共一小時。

第一部份：對談

以免觸犯日本刑法，我會先索取AV女優的身份證明文件，檢查是否年滿18歲，並複印一份備案。可老貓也有燒鬚的時候，以往曾有未滿18歲的女優，拿著已成年的姐姐身份證明文件去應徵，令一間AV製作公司在不知情的狀況下，聘用了未成年的AV女優，最終被警方檢控。這事件反映出一個頭痛的問題，面試濃妝艷抹的女人，不僅看不出她的真實年齡，也難以察覺到她跟身份證明文件上的素顏照不是同一人。確認女優的成人身份後，我會給女優端上一杯咖啡，寒喧一會。待她填寫三頁面試表格後，我會查看內容，準備提問。

表格第一頁：女優的個人資料

包括真實姓名、藝名、實際出生日期、宣傳專頁用的出生日期、星座、血型、現職工作、住址、出生地點、三圍、經理人公司、職歷、興趣／專長、個人喜好（顏色、音樂、食物、書籍）、每月零用金、喜歡的男性類型、喜歡的藝人、性格、最重要的東西、喜歡／討厭的身體部位、夢想、家庭成員、演出AV的動機及第一次看AV的經驗。

表格第二頁：經驗和演出意向

有31條問題，主要是探問女優的模特兒／AV工作經驗、對模特兒／AV行業的看法、性經驗、戀愛經驗、生理期、對性行為和愛情的看法、性生活的現狀、性愛喜好、不願拍攝的內容、不願合作的男優名稱和AV演出經驗。這反映出AV公司很在意女優的個人意願，盡量瞭解她們對不同種類的性行為、AV劇情及男優的接受程度。

表格第三頁：宣傳方式確認

AV公司明白到每個女優對於真實身份曝光，有不同程度的擔心，所以讓女優自行決定拍攝的作品可於那些宣傳渠道曝光，如報章、雜誌、電視、手提電話和網路。我們尊重女優的個人意願，希望減輕她們的心理負擔。

PROFILE CARD　まだゆに

			お小遣い	50,000 円／月
名 前	███████		好きなタイプ	リードしてくれる人.
芸 名	███████		好きなタレント	
年月日 (プロフィール)	西暦 1985 年 (昭和 職 60年) 12月 13 日生 (26歳)		嫌いなタイプ 嫌いなタレント	不潔な人.
年月日 (戸籍・実際)	西暦 1975 年 (昭和 職 50年) 12月 13 日生 (36歳)		自分の性格	のんびり. 負けず嫌い.
星 座 血液型	いて 座 B 型		一番大切にしている物	
会社名 学校名			身体で気にいってる所	
現住所	埼玉 道府 県都 市郡 新座 市郡 区		身体で気にいらない所	
			あなたの夢	幸せな家庭.
出身地	東京			

サイズ	身長 155 cm・体重 43 kg B 83 cm・W 58 cm・H 83 cm ブラ D カップ・足 24.5 cm		名 前	続柄	年齢	職 業
所 属	███████			父	68	会社員
プロダクション	TEL(███████) 担当マネジャー名: ██		⑦川	母	66	主婦
職 歴	OL. 家庭教師 2年間個人で 幼稚園の入園 小学校の入校 担当			兄	40	会社員
趣味・特技 スポーツ	料理 和食 煮物 煮魚		備 考 (動)揺	聖未		
好きな色	白..		おAN見るのは 19本 後で引っ木赤 9本			
好きな音楽	何でも		気持悪かった			
好きな食物	和食		面接者	小雅		
嫌いな食物	パクチー		面接日	2012 年 5 月 25 日		
読書・雑誌	なし		パブ	問屋誌・専門誌・男性誌・一般誌 その他 (8a16h)		

表格第一頁：女優的個人資料

アンケート　　　　　　　　　　　　　　　　　　　　　　04'9

1、名前（モデル名）　　■■■■■■■

2、モデルになったきっかけは？　○をしてください。
　　スカウト ・ 雑誌募集 ・ インターネット募集 ・ 紹介 ・ その他（　　　　　　　）

3、(1)モデルの仕事で楽しかったことは？
　　いつもと違う体験ができる。

　(2)モデルの仕事で辛かったことは？
　　特にありません。

4、初体験について　(1)いつ・何歳：18・大学　(2)どこで：彼の部屋
　　(3)誰と：彼氏　(4)相手は何歳：29　(5)感想：気持ちよくない。

6、自分自身のことをエッチだと思いますか？　①思う　2、思わない　3、どちらでもない

7、愛情とお金、どちらを信じますか？　1、愛情　2、お金　③両方

8、好きな体位は？　①正常位　2、女性上位　③バック　4、その他（　　　　　）

9、一番感じるところは？　①クリトリス　2、膣　③乳首　4、乳房　5、耳　6、首　7、その他（　　　）

10、男性経験は？　20人　そのうち、つきあった人は？　6人　11、今まで一晩で最高何回？　2回

12、恋人は、いますか？　いる（　歳　つきあって　年　ヶ月）・いない（いない歴　年　5ヶ月）

13、今までの男性経験で　一番年上は？　相手が　50　歳　自分が　24　歳の時に
　　　　　　　　　　　　　一番年下は？　相手が　20　歳　自分が　19　歳の時に

14、一番長く、つきあった期間は？　3　年　2　ヶ月

15、生理について　正常（約　　　日周期）・不順・（症状　　　）
　　生理中に SEX をしたことが　①ある　2、ない

16、避妊について　・必ずする　①コンドーム　2、膣外射精　3、ピル　4、その他＿＿＿＿＿＿
　　　　　　　　　・気分によってする　・しない

17、オナニーの経験は？　①ある　2、ない

18、オナニーは、今でもしますか？　①する（オナニーのペースは毎日＿回・週 1 回・月＿回）
　　　　　　　　　　　　　　　　　2、しない

19、現在のSEX LIFEは？　1、週 1 回　2、月＿＿回

20、最近の SEX は、いつしましたか？　1、今週（はじめ・中ごろ・後半）　2、今月（はじめ・中旬・下旬）
　　　　　　　　　　　　　　　　　　3、先月（はじめ・中旬・下旬）　4、その他＿＿＿＿

21、エクスタシー（イク）の経験は？　1、ある　2、イクふりをする　3、イッタことがない　4、オナニーではイク

22、SEX の時の声は？　1、大きい　②普通　3、小さい　（濡れやすい・普通・濡れにくい。）

23、フェラチオの経験は？　①ある　2、ない　　　　　（好き・普通・嫌い）

24、アナル経験は？　1、ある（誰と＿＿＿＿＿）　②ない　（好き・普通・嫌い）

25、レズ体験は？　1、ある（誰と＿＿＿＿＿）　②ない　（好き・普通・嫌い）

26、SM 体験は？　①ある（誰と　彼氏　）　2、ない　（好き・普通・嫌い）

27、口内発射の経験は？　①ある（飲む・出さない）　2、ない　（好き・普通・嫌い）

28、変わった SEX の経験は？
　　車

29、やってみたい SEX は？　コスプレ・
　　　　　　　　　　　　　　　羞恥もの

30、NG 事項と NG 男優

31、リリース状況　デビュー1本目（いつですか？＿＿＿＿＿＿　メーカーは？＿＿＿＿＿）

パブリシティ確認表

女優名/所属事務所/電話番号、及び、担当者名をご記入ください。宜しくお願いいたします。

| 女優名 | | 事務所名 | | |
| | | 電話番号 | 担当者名 | |

	雑誌名	チェック	
スポーツ紙	サンケイスポーツ/スポーツニッポン/スポーツ報知/日刊スポーツ/東京スポーツ/デイリースポーツ/東京中日スポーツ/夕刊フジ/日刊ゲンダイ/夕刊フジ関西版/大阪日刊 etc	OK	NG
写真誌	フライデー/フラッシュ/フライデー・ダイナマイト/フラッシュ・スペシャル etc	OK	NG
一般誌	週刊プレイボーイ/週刊現代/週刊ポスト/TVブロス/週刊SPA！/サイゾー etc	OK	NG
一般漫画誌	ヤングマガジン/ヤングチャンピオン/漫画ゴラク/漫画サンデー etc	OK	NG
実話誌	週刊大衆/週刊アサヒ芸能/週刊実話/スバッ！/実話大報/特撮新鮮組/実話ナックルズ/実話マッドマックス/実話ドキュメント/ダブルエックス/実話時代/etc	OK	NG
男性誌	ザベストマガジン/ザベストマガジン スペシャル/ザベストマガジン オリジナル/ペントハウススペシャル/エキサイティング・マックス/DVDドリーム/ブラックボックス/グラギャルDVD/サーカスマックス/ブブカ/マガジン・ウォーA組/アサ芸エンタメ etc	OK	NG
アダルト漫画誌	びーた/パシャ！/コミックバズーカ/コミックメガストア/コミック快楽天/コミックマショウ/エンジェル倶楽部/桃姫/ピタマン/本当にあった浮気話/ポン/ドキッ/ローレンス/マガジンウォー・ウルフ/マガジン・ウォーA組スペシャル人妻	OK	NG
風俗誌	シティヘブン(関西)/プレイ仙台(宮城)/ピン(四国)/えんじぇるぷれす(南九州)/ルンナビ(静岡) etc	OK	NG
AV専門誌	DMM/べっぴんDMM/メガべっぴん/NAO DVD/BVスーパードキュメント/バチェラー/ビデオザワールド/ etc	OK	NG
タウン誌		OK	NG
フリーペーパー		OK	NG
モバイル		OK	NG
電波	地上波デジタル放送/CS放送	OK	NG
インターネット		OK	NG

《上記は現場スチール、動画収録、表紙使用も含まれます
《もし個別にNG雑誌があれば＝＝で消してください。
《また上記以外にNG雑誌があればお書きください。　　（　　　　　）

JAPAN

ジャパンホームビデオ株式会社

ご協力ありがとうございました。

表格第三頁：宣傳方式確認

　　完成填寫三頁表格後，我會根據女優填寫的資料發問，問題主要圍繞個人的嗜好、家庭背景、拍攝AV的動機、看AV的經驗、性經驗、自慰習慣、戀愛經驗和性喜好。

第二部份：拍攝裸體照片

　　首先拍女優穿衣服不同角度的全身照和半身照，一面拍，一面逗她說話，分散她的注意，讓她的表情更加自然。然後，我會請女優脫衣，當她已幾成全裸狀態，我會對準她的胸部、臀部，遠景，中景，近景，最後特寫、大特寫，期間我會不停地跟女優閒聊，讓她放鬆心情，臉上露出自然的笑容，身體變柔軟，散發女性的魅力。我也會乘時錄影，把握女優活生生的狀態，並要求女優作自我介紹。拍攝程序開始步入結束階段，女優重新穿回衣服。

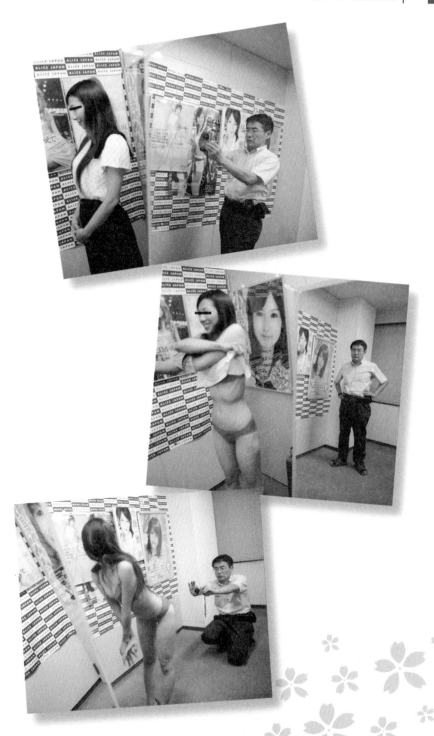

3-3 AV面試官的工作守則

面試AV女優的工作，一般由監製或導演兼任。在業界中，長年累月專職面試AV女優的人，恐怕只有我一個。

作為AV面試官，我的日常工作當然是接見各式各樣的女人，檢視她們的外表和身材是否合乎公司要求。新人面試，必定拍裸體照片，這是一項「重頭」儀式，目的是要新人自覺「AV是裸的境界」。

「你可以去掉衣服嗎？」每趟面試新人，我都會這樣問。

差不多所有的少女都會「嗨」的應了一聲，然後，乾淨利落地脫剩一條內褲。有些大膽放浪的少女，即使我沒提出要求，也會自發地脫去內褲，露出恥毛和臀部。

普通女子大學生、OL，由於會有「讓人看一下」的願望，很簡單地就會脫個清光。女性必須具有強烈的「暴露」心意，才能拍AV。

我們這班負責面試的人，都有看清楚女人本性的要訣。羞恥心強的女人會有前途。面試過程中，由始到終低着頭，細聲回答，拍攝資料裸照時，發抖的女性，也大有可為。

日後到攝影現場，身為新人，往往會大聲流露快感。拍攝完畢，她們又會變回怕羞的女人。這種代溝，會刺激消費者的色心。

　　面試時，我亦會在腦中想像，眼前的女人到底適合拍攝哪種類型和題材的AV，以便日後作出恰當的拍攝安排。一旦決定錄用，就要開始準備拍攝的工作。

　　訂下拍攝日期後，我會跟經理人公司確實女優工作的日程，然後預訂攝影棚，繼而落實拍攝現場的團隊名單及各隊員的日程，隊員基本上包括導演、助導、現場攝影師（拍攝DVD封底的性愛劇照）、化妝師（通常兼任髮型師）和造型師。

　　我所屬的公司Alice Japan很注重DVD封面製作，會特別預訂照相室為女優拍攝封面照，所以我也要跟進照相室的預訂，聯絡拍攝封面硬照的攝影師和化妝師到場工作。

　　拍攝完成，影片製成，作品推出市場後，我的工作尚未完成，還要到處進行客戶拜訪。別以為工作責任至此完結，我其實仍肩挑作品銷售成績的重擔。

　　在業界打滾30多年，只專注AV女優面試的工作，並非人人可為的易事。畢竟AV行業是靠女優為生，我更是差不多每天跟不同的女優打交道，難免受到「女人」、「性」和「金錢」的誘惑。

面試成功，女優可為AV模特兒公司帶來很大的利潤，所以這些公司會賣力討好負責面試的人員。

部份較為進取的公司，務求為旗下女優接到工作，更不惜鋌而走險，以違法手段利誘我們，提出從得到的利潤中，把一部份回贈給我們作為謝禮。銀彈行不通，又會用女人來進行魔鬼的誘惑，暗示可以跟女優發生親密的關係。

美女碰不得，錢也收不得。一旦接受賄賂，我的專業AV女優面試官生涯就會Game Over。過往，我曾經目睹有些同業因為把持不定，最終被所屬公司揭發收受回佣或跟女優有染，從此在業界消失。

雖然不少業界朋友在聚會時，會拿我不能喝酒的體質來開玩笑，我其實要慶幸天生這特別的體質。

不喝酒，令我每次面對「裸女」、「性」、「金錢」的誘惑，都不受酒精影響，作出正確決定，斷然拒絕一切誘惑。

3-4 鑑賞人間胸器

每天坐火車上班，我習慣四處觀察。某天，我在車上入神地觀察一個少女時，兩次不小心碰上她的視線。眼神相遇的一瞬間，她的黑眸閃過一絲訝色，或許認為自己碰上變態老頭吧。

走在街上，我的目光也是不由自主地落在可愛亮麗、綽約多姿、嬝嬝婷婷的女人身上，無意識地打量和評鑑。那大概是職業病吧！

平日外出進行商務洽談，我通常跟對方約定在車站出口或鬧市街角等候。呆等時，我的雙眼會自動地緊隨街上往來的女人，無意識地找尋高質素的女人，這舉動跟在街頭以銳利的目光去發掘AV女優的星探一樣。

基本上，觀察兩大重點落在「樣貌」和「胸部」，因為銷量最好的AV女優，一直以來必然是有好的「樣貌」和美麗的「胸部」。

在東京這國際大都會，各種型態的女人，匆匆穿梭街上，人人都可謂化妝高手，服裝穿搭達人。一街美女如雲，賞心悅目，其實暗藏陷阱，一不留神就會被騙。

所以，星探必須有窺一斑而知全豹的能力，才不會被女人的外觀欺騙。

優秀的星探見微如著，從觀看頭髮的蓬亂和毛躁、配戴的眼鏡款式，就可準確地看出一個女人的真面目。

他們更鍛鍊出驚人的眼力，即便女人以神級化妝技巧，把臉蛋裝得可愛動人，都可一眼辨出那張天生平庸的臉。換言之，觀察女人，首要是看「臉蛋」，其次才是「胸部」。

看身形，重點落在「胸部」。樣貌娟好，美胸呼之欲出，是暢銷AV女優的最大條件。在街上獵艷的星探，一看到具備此條件的女人，定不猶豫就上前搭訕。

某日，前來應徵的文子，樣貌標誌，身形纖細，胸前激凸，是久未遇上的頂級AV女優。面試過程，內心滿是喜悅，第一時間問她的入行動機。

「我想成名！」回覆直接、不造作。

拍攝裸體資料照時，我不小心發出「呀！」一聲。

圓球狀巨乳看來很不自然，跟瘦削的四肢配在一起，更顯得不協調，那巨乳是整型出來吧。

作為面試人員，有一個原則必須遵守，就是看到應徵者不足之

處，我都不可做出傷害她們心靈的言行舉止。所以，我直到面試完畢也沒表露異樣，若無其事地繼續拍照。

內心深處，我其實很同情文子。不少女人都有巨乳情意結，文子恐怕也是其中之一。以隆胸來滿足自己，無可厚非，但那個整型醫生，收取昂貴的手術費，卻沒做出好看的胸部，真是可惡。我估計文子很難接到「企劃」級數的AV拍攝工作。

每星期，經理人公司都會送很多新人AV女優的照片給我，有些就是樣貌出眾，但胸部太小。有些經理人會建議女優去整形，以便接到工作，而我通常都會作出溫馨提示：「要做得自然一點。」

在AV業界，有些片商偏向聘用沒隆胸的女優，但這不代表隆胸AV女優的作品一定滯銷，因為以往是有成功例子。

要注意的是，這些超有名的隆胸AV女優，她們的假胸，看來都是很自然，較符合身形比例。所以，AV業界一定是挑選胸部自然的女優。

要判斷一個女人穿上衣服時，激凸的胸部是真是假，就要觀察她的雙臂和手指，是否跟胸型和體型高矮胖瘦的比例均稱。

我還是喜歡沒隆胸的AV女優，自然美勝過一切。

3-5 血淋淋的面試

正常狀況下，女人每月有一次生理期。無論是女優或製作人員，都討厭在生理期間進行拍攝，所以製作人員跟AV女優碰頭商議時，都會先確認生理周期是上半月、月中、還是下半月，然後才確定拍攝的日程。遇上一些月事不準、或按時來潮的女優突然有「月事」到來的話，導演是不會把這些血淋淋的場拍進鏡頭，必定下令暫停拍攝，待女優到廁所將化妝用的海綿塞進陰道後，才再次拍攝。

某日，我面試了貌似吉高由里子，卻帶點成熟韻味的里奈。她20歲，身高156cm，上圍33吋，臀圍33吋。拍攝資料照片時，我先拍下她穿著衣服的全身照及半身照，然後示意她準備拍裸體照。她定眼看著我，柔聲問道：「我要脫到哪裡？」

「脫剩內褲便可以了。」我回答。

里奈問：「我帶了T back來，可以換上嗎？」

「是否需要我先出外一下？」我手握著門把，準備開門出去時，豈料里奈淡淡的說：「不要緊，月經來了，我要塞衛生棉條！」一面說，一面從手袋中取出了棉條。

我不想看到，轉身背向她，之後聽到「咔嚓咔嚓」聲響，同時聽到她嚷：「哎呀，塞不進去！」又聽到她說「麻煩你幫幫忙！」

我「呀！」的叫了一聲，我怕今後再不會有為女人塞衛生棉條的體驗，好奇心起，回過了身子。當我面向她，她便將棉條遞了過來。我瞄了手上的說明書一眼，上面寫著使用者是可以自己把棉條放入去的，但她試了良久也不能順利地塞進去！

我硬著頭皮，接受挑戰，細閱衛生棉條說明書上的圖解。她站着，兩腿張開，挺起腰，局部的下體已經出現在我的眼前。她的臉上出現了與其說是羞恥，毋寧說是困惑的表情。我依照圖中所示，把紙管無棉繩那端塞入她的下體。但是，棉條沒有從小紙管裡被推進入去，紙管上面和我的手指都沾上了血。

「為什麼棉條不能按照圖解所說那樣，從紙管裡被推進陰道？」我拚命地試。

第一根棉條失敗浪費掉，馬上換上第二根再試，好不容易塞進去了！那當兒，我們兩個人就像達成了共同目標的人一樣，喊着「行了！」心意相通地品嘗這種滿足感。

後來，里奈告訴我，她一向都是衛生巾的愛好者，今次碰上月經來潮期間要來面試，又知道要拍裸體照，她才帶來了不曾用過的棉條。

啊！這是她的第一次！也是我的第一次，大家是同一水平。

3-6 處女的誘惑

面試AV女優的地點，不一定是AV公司的會客室，時有在咖啡店會面。如感覺合適，會再另覓地方進行資料照拍攝，進一步檢視應徵者的胴體和入行的決心。

某個下午，我跟20歲的花音，相約在新宿的咖啡店見面。

到埗時，一看原來是一位像深田恭子那樣帶嬰兒肥的少女。

打開話匣子後，她怯怯而又害羞地說：「我......我還是一個處女呢......」

真正的處女AV女優難求，我當然不可錯失這個為公司帶來好業績的良機。我馬上把杯中的咖啡喝完，結帳後，跟花音轉到附近的卡啦OK，在房間裡拍攝裸體資料照。

大概對照相機快門的聲音有興奮的反應吧，她居然提出：「請你就在這裡奪去我的初夜吧！」

她跑到我身邊，緊緊抱着我。

青春、柔軟的肌膚，十分誘人。不過，我必須懸崖勒馬。

第四章

AV女優 ＝ 工作

日本女人從事AV拍攝工作

不該只說是因為「錢」

誰人上班不是為錢？

我們應該探問：

女人為何投身AV業界？

4-1 最強AV偶像誕生的預感~赤根葵

奪得專屬合約的AV女優，必然是可愛美女，身材玲瓏有致，性感迷人，抱有「努力向前，成為AV女優」的決心。2016年7月在Alice Japan出道的美少女赤根葵，完全符合以上條件。

她性格開朗，志願是成為知名的頂級AV女優。我們當然要全力以赴，用盡方法，幫她達成願望。

早前，我在公司遇見赤根葵，問了她幾個問題，以下是她的回應。

問題1：為什麼想成為AV女優？

主要是受到一個電視節目影響。中學時期，我無意間看到惠比壽麝香葡萄專屬綜藝節目《おねがい！マスカット》（拜託！麝香葡萄），當時我只以為演出的女孩是性感寫真偶像，後來才知道是AV女優。

看到她們這麼漂亮，也投身AV女優行列，我很震撼，開始對AV女優的工作感到好奇和興趣。

惠比壽麝香葡萄的成員比一般的偶像還要亮麗，我非常疑惑，心想：「她們為何要裸露身體拍攝AV？」

以前，我覺得AV拍攝是色情和羞恥的事，做這樣的工作，必須隱藏自己，但惠比壽麝香葡萄在東京電視台的演出，推翻了我的想法。原來AV女優可以像一般藝人，不用大膽露點出鏡，只需表現性感地演出。

自此，對AV行業的偏見一掃而空，並鼓起最大的勇氣，決心成為AV女優，希望有朝一日，能夠像惠比壽麝香成員希志愛野和彩美旬果般知名。

問題2：現在成為AV女優，你有什麼感想？

成為AV女優後，我感覺身邊的人都非常重視我，對大家的關愛心存感激。同時，我認為AV業界非常專業。

初出道時，我是留長髮。某天，我沒通知公司，率性地把頭髮剪短，為大家帶來很大的煩惱。新的髮型，跟之前設計好的形象不符，公司的人都很生氣。我感到很震驚，沒想到剪短頭髮，會惹來這麼大的問題。我事後反省，明白到AV女優是主角，不可胡亂行事，以後會多加注意自己的行為。

問題3：將來的目標是什麼？

我沒想過要做AV女優到什麼時候，也沒想到要在AV業界頒獎禮上得到多少個獎牌，我只希望赤根葵這個名字，像希志愛野和彩美旬果般顯姓揚名。

問題4：可否分享第一次的性經驗？

我16歲時，把第一次給了男朋友。當時，我腦海浮現以前看過的AV影片，一直在想「發出了聲音，但沒有喘氣！」、「現在是正常體位」，根本沒有專心享受結合的過程。幸好，男友並非初哥，對我很溫柔，令我沒有感到第一次的痛。

4-2 72歲婆婆重拾女性身份

AV是一個歡迎任何女性加入的行業，拍攝的類型和題材十分多元，照顧各個年齡層，所以女優的年齡層也相當廣泛。對於女優的年齡，只設下限，未滿18歲者或在讀高中生，不獲聘用。至於年齡上限，可謂無設限，90歲的婆婆，只要身體健康，理論上也可演出AV，但真的有AV片商發行「90歲婆婆」的AV嗎？

目前為止，最高齡的是81歲的AV女優是小笠原祐子，2016年出道，已推出5部作品，而且銷情理想。80歲的帝塚真織僅次其後，已有9年的AV拍攝經驗。她坦言拍攝AV並不是為了錢，反而是因為找不到可以滿足她的男人，才投身AV業。只要踏入片場，帝塚便會盡力把工作做到最好，遇上對她胃口的男優，拍攝就成了一件樂事。

一直以來，我很少面試年紀大的AV女優，接見過最高齡者為72歲。我工作的AV公司，從未開拍如此高齡AV女優的作品，但我真的很好奇，為什麼這班熟齡女人想演出AV？所以，當模特兒公司想請我接見一個72歲婆婆時，我義不容辭。這次的面試，跟平日的不同，只有對談，沒有拍攝裸體資料照的環節，因為我深知自己公司錄用婆婆女優的機會幾近零。

面試前，我一直在想，婆婆是什麼模樣？

72歲的順子看來精神奕奕，身高158cm，豐潤珠圓。她10多年前喪夫，成為寡婦，性經驗的對象就只有亡夫一人。現在，她在老街經營小酒館為生。某日，她看到招募按摩師的廣告，前去應徵，怎料經理人跟她說：「還有AV的工作也在招人。」順子聽後，半信半疑，

開始對AV業界產生好奇，問道：「我這樣大年紀的婆婆都可以演出？」

「沒問題。」經理人爽快回答。

「在片場，有很多年輕男優，跟她們一起工作，可享受到高潮的快感。」聽到經理人這樣說，順子彷彿看到了再次被看待成「女人」的希望，感到萬分欣慰，很想抓緊這個滿足女人情慾的難得機會。既然膝下猶虛，沒有家庭顧慮，她毫不猶豫，立下決心，接拍AV。

由此可見，跟大多數年輕女優不同，「錢」並非熟齡女人演出AV的最主要動機，重拾「女性」身份，才是令一眾熟齡女人投身AV拍攝的主因。不久後，我把順子介紹給另一家熟女AV製作公司，由於70歲AV女優不多，所以未經面試，他們已決定錄用她。

拍攝當日，經理人早上8時把順子帶到現場。化妝後，她從鏡中看到脫胎換骨的自己，驚喜莫名。看到經理人傳來順子的華麗和服造型照，我對化妝師的技術不禁讚不絕口。

正式拍攝，久旱逢甘霖一般的順子，賣力演出，跟一眾年輕男優盡享魚水之歡，欲仙欲死，喜出望外。精彩的演出，令熟女AV製作公司為她拍攝了三部作品，一部比一部大膽，第三部更以女同性戀為題材，順子與另一位65歲AV女優激情纏綿，也沒半點怯場。

女人，不論多大年紀，總是喜歡被看待成一個「女人」。

4-3 大學生臨終願望是拍AV

面試會出現不少令人意想不到的事，甚至嗅到「死亡」的氣味。有一回，我一如既往接見了一個少女，看到她手腕上留着刀傷痕跡，不過，我沒追問自殘原因。問下去，少女只會當場哭起來，甚至發脾氣。多年前，某個單體女優在自己的部落格裡，公開了自殘不久後所拍的照片，成為全城熱話。那鮮血淋漓的手腕映像，的確令人震慄不安。

我這又想起了一件往事，纏繞心中，至今未泯。10多年前，幸子跑來應徵，全身散發出一種陰暗氣味。那時，我只以為她是害羞而已。面對幸子這美人兒，我當場給與「合格」。兩個月後，我們開拍她的處女作。

拍攝前，她跟導演開會時，發誓「努力工作」，令所有人對她的表演有所期待。可是，到了開拍的那天，幸子並沒有依時來攝影棚。我急了，打電話給經理人，也接不上，那怎辦？只好中止拍攝工作。

想到幸子發誓「努力工作」時的笑容，我不禁大為生氣。過了幾天，經理人給我電話：「我打了電話去幸子的家，她媽媽接電話，說幸子患血癌過世了。」經理人親詣幸子的家，上香禮拜哀悼，再來電哽咽道：「幸子曾說：『拍AV，是想留下自己的倩影。』那時候，她已知道自己命不久矣。」

每想起明知離死亡不遠，在我面前仍然爽朗樂觀的幸子，我的眼淚便淌了下來。

4-4 失戀後跟吉澤明步一較高下

　　21歲的惠美，是日光浴美容店店員，出身於和歌山縣，身高157cm，三圍33D、23、34，皮膚棕黑色，是名陽光美少女。她生在一個四口家庭，50歲的父親是個文員，54歲的母親是全職家庭主婦，20歲的妹妹是大學生，16歲的弟弟是高中生。

　　惠美13歲時，跟15歲的同校女學長交往，並獻上了初夜。做愛時，女學長採取主動，扮演男角，惠美欣然配合，表現被動，擔當女角，二人的同性戀情維持了4年。

　　到了15歲，惠美喜歡了一個同級的男同學，情不自禁地跟男同學發生了關係。

　　一言蔽之，惠美是一個雙性戀者。

　　過去，她曾跟15人發生性關係，當中有一半是女人，真正交往過的男友有四個，女友也是四個。惠美非常喜歡做愛，跟真命天子交往期間，還有兩個SP（Sex　Partner／性伴），最高紀錄是同時有三個SP。

　　「真是一個性經驗豐富的強者啊！」這感受驅使我追問她拍AV的動機。

原來惠美在面試前不久，跟24歲的男友同居，每次交歡時，男友都會播放吉澤明步的AV，一面看一面對吉澤明步讚不絕口。

某天，男人突然提出分手，惠美大受打擊，決定要當AV女優。

面試時，惠美自信滿滿的說：「我要成為AV女優，讓前男友知道，我可以做得比吉澤明步更加出色。」

我明確了解她要拍攝AV的理由和決心，然而我沒說出口的是：「無論惠美多努力，也沒可能勝過吉澤明步。」

惠美拍攝了幾部「女同性戀」主題的AV後，我再沒見過她的新作品。

不知她現在的生活過得怎樣？

4-5 男友的變態要求

面試後三個月發片，一炮而紅，搖身成為AV狂銷熱賣的女優，印象中有一個。

19歲的樹里，是美術大學二年級學生，未達「單體女優」級數，以「企劃單體」AV女優身份，同時效力多間製作公司，每月約有10部AV推出，高峰時一個月發行超過20部AV。

暢銷原因在於風格超類拔萃。身高160cm的樹里，臉孔雖普通，勝在鼻子高而挺直，身形纖巧，乳房豐美。一頭女學生式的短髮，給人一種清爽的感覺。面試時，我循例問樹里拍AV的動機，她回答：「年紀比我大一歲的男友想我拍AV！」

我不由得「呀」地有了驚愕的反應。一般來說，女優都會瞞著男友和丈夫拍AV。但是，樹里的男友實在與眾不同。

某天，樹里接到男友電話：「明天下午五點去X車站的出口！」

樹里如言赴約，一個男人走近，過來招應：「你是樹里小姐嗎？」

她回答：「是呀！」

「請打電話給你的男友！」

她當下打電話給男友。

「他是我的朋友，現在你跟他去附近的酒店做愛，邊做邊拍照，然後用手機把照片電郵過來！」男友吩咐著。

我又「呀」地吃了一驚，問：「後來怎樣？」

樹里言聽計從，在酒店拍了性愛照片，傳給男友。

不久，男友又帶了一個女人去樹里的家，說：「我們三個人一起做吧！」一場3P大激戰隨即展開，我不禁又吃了一驚。

「做出那樣的事，你不介意嗎？」我這樣問她。

「我很喜歡他！」她繼續答道：「我想跟他結婚！」

一般男人，不會跟這樣隨便的女人結婚吧！可轉念一想，那男人勸動樹里去拍AV，他無法不娶她為妻以表謝意。

最後，我問：「你最喜歡那種性愛？」

她回答：「跟黑人做愛！」那可能是她對男友的反抗吧！

4-6 父母從小調教女兒

日本有怪獸家長，也有性開放的父母。22歲的海音，貌似廣末涼子，父親是公務員，母親是家庭主婦。這樣的家庭背景，看來普通，卻隱藏了一個非一般的家庭活動。小學時代，海音的父母在家裡，經常毫不避諱地當着她面觀賞AV。

「我跟他們一起看，看見影片中的女人呀呀地叫，好像好痛苦。大人真壞......」海音細細地回憶着兒時的點點滴滴。

海音要當AV女優的願望，與兒時看AV的經驗有莫大關係。

「我想扮演小時看到的影片中的那些女人。」她說這話時，雙眼閃亮，好像對性愛有著無限的憧憬。

「可能是看了AV吧，我對那些色情事兒一點抗拒感也沒有。我的第一次發生在17歲，之後跟30個男人有過性關係。」

談到性愛喜好，海音獸獸地說：「我喜歡口愛！」

到了拍攝AV的日子。大抵AV滲進了海音的DNA，她對拍攝方式非常熟悉，一時凝視着攝影機，一時又為男優口愛，一時焦急地，把嘴唇移離男優的性器。她根本不需要導演指導，便能完美地展現了性愛。

4-7 母親帶女兒入行

面試AV女優30多年，曾遇過不同應徵者組合，當中的一對母女檔，印象難忘。

母親45歲，早已離婚，跟23歲女兒相依為命。確認了母親的駕駛執照和女兒的護照後，證實她倆是真正的母女關係。聽說母親在路上被AV星探看中，決定拍AV。回家問女兒「你拍不拍？」

「拍！」女兒回答。於是兩個人結伴而來。

細心一問，原來兩母女非常開放，一直以來，女兒進浴，母親也會走進去一同洗澡。母親的男友來家玩，三人也會同浴。我問女兒：「過往有多少個男人？」

「14個。第一次是在15歲。喜歡的體位是後進位，感覺上被姦，心情特好！」女兒若無其事地說。

至於母親，則說「我喜歡正常位！」兩母女就像是談論着食物的口味一樣，還跟我分享一部她們在面試前不久看過的AV。

「那個女優，口愛技術好高呢！」母女兩人研究着AV。

我問母女兩人能接受同性戀和3P嗎？

母親望向女兒笑問：「不要緊吧！」

女兒迅即尷尬地回答：「這......」。

看來女兒對跟母親纏在一起有點反抗感。這令我深深地感覺到她們是一對親骨肉。

最後，按慣例拍裸體資料照，移步別室，兩母女都脫個精光。母親身高158cm，女兒166cm。母親的胸脯已有少少低垂，卻跟女兒同Cup。

「要脫去內褲嗎？」母親這樣問。

我回答有勞你了！兩個人一起面向我，褪下了純白的內褲。兩個豐滿的臀部並列一起的光景，真的非常誘人。真不錯，我決定採用。可是後來兩母女再沒有來，聽同行說，另一家公司用破天荒的片酬跟她們簽了約。

這真是太可惜。

4-8 千人斬美少女的苦衷

樣貌像廣末涼子的沙樹，身形纖瘦，害羞地說了一聲「午安！」

我心想這興許是個純情的女孩吧！可當我問她性經驗時，不由得嚇了一大跳。

她回答：「我有大約一千個男人。」

22歲，居然已跟千個男人上床！詳談後，原來她離家出走了一段日子，每日穿着漂亮，站在歌舞伎町，等待流氓男人的挑逗，然後一同去酒店。幾個男人一起玩3P、4P都不打緊。

「三日不做愛，我臉就會長瘡，安全期我可以接受中出，一旦感覺到精液的濕暖，就會有反應。」

沙樹離家出走，是因為被長輩強姦了。之後，她就長期冶遊歌舞伎町，沉迷性愛。

每晚都睡在時鐘酒店，偶然也會在網吧釣男人。有時候也會充當模特兒，全裸一小時收一萬日圓。

她是一個美人，胸脯很美，是E Cup，我即場採用，很快就拍了處女作。

我去現場參觀，不愧是「千人斬的痴女」。

「呀呀呀！大力一點……」扭動身子，叫個不停。

我為自己挑到好女優而滿足。但是，她的作品並不大賣。為什麼不賣呢？我們透過網路向觀眾進行調查，得到的答案是：「她太不怕羞。」

那就是說她太熟悉性愛，躺在床上，完全沒有羞恥心，這就造成了跟清純外表間很大的隔膜，觀眾不能接受。

於是，我又明白了發掘女優的難處。

這之後，她又拍了續集，人氣陷入低谷，拍了四部便停止。

聽說現在還在歌舞伎町一帶轉悠呢！

4-9 電車痴漢誘發美女的性趣

跑來面試前的一個月，26歲的花店店員雅美在電車遇上色狼。出乎意料之外，她被撫摸時，沒有抗拒，反倒感到興奮。

「我那兒灼熱一片，我當場低聲問『我們去別處做吧？』他一臉緊張，點了點頭。

直至到新大久保前站，我們擠在車廂內默默無言，只是雙眼發亮相互地凝視！」

雅美沉醉在甜蜜的回憶：「在時鐘酒店，我們做了兩次。他是大學四年級生，樣貌英俊。這之後，我們還約會了兩次。」

有了這樣的體驗後，她就想嘗試更刺激的性愛，因而跑來應徵。

這樣好色的女人，不用說，我必給予合格。

面試後第二個月，她的「痴漢系列」處女作開拍。

雅美在電車車廂佈景裡，一如意料地「呀呀」地扭動着臀部，妖冶放蕩。然而，她的神色卻流露出不滿。

AV拍好後，她跟我說：「心情好興奮，卻沒有遇到色狼時的那種感覺！為什麼會這樣？」

基於長年的經驗，我猛地明白了，她嚮往被凌辱。我提議：「那麼下個月我們拍凌辱AV！好嗎？」

「好呀！」一聽我這樣說，雅美雙眼發光。

第二個月，片子開拍，雅美脖子上套着頸圈，被勒令像狗一樣地爬行。

她唯命是從，把香蕉插了進去……到出現了灌腸、排泄之後，5個男優輪流從後侵犯她。

「你這條雌狗！你不是人！」

聽到這些屈辱的說話，雅美非但不以為忤，表情更放蕩，她扭動身子，叫着：「呀！你們加把勁來凌辱我吧！」

4-10 Sugar Baby的空虛感

美波就讀市內人所皆知的女子大學二年級，樣子酷似北川景子，絕對是一個美女。

一如既往，我必問應徵者的性體驗：「曾有多少個有性愛關係的男友？」

「是私人朋友的數目嗎？」她反問。

「難道還有私交以外的朋友？」

仔細尋問後，我吃了一驚。

美波既有同年齡的男友，也有在金錢上資助她的Sugar Daddy（糖爸爸／老闆），數目多達36人。

正確來說，這是現在還保持着的人數而已。有愛有性的男友，至今有5人。至於曾資助她的老闆，約有100人。

到底20歲的Sugar Baby（糖寶寶）美波在哪裡認識這些老闆？

「在那些高級會員制的相親會所登記後，會所就會通報有錢男人的姓名。男會員看中了我的資料，會所會安排我們見面。先在咖啡店相會，收費一萬日圓。之後協議每月交往次數及津貼費。我曾與36個會員做愛，收費從一趟5,000到10,000日圓不等，一個月最低收入有一百萬日圓。」

她繼續解釋：「每月與男友做三次，其他日子，差不多每日都被老闆們擁着。男會員有中小企的社長、醫生、律師等。相親會所表示會精心挑選知性紳士，讓我們安心。」

賺那麼多錢，為什麼還要拍AV呢？

「跟太多人肌膚相接，心裡有一種空虛的感覺。我不是人，成了洩慾器。可是AV嘛，女優是主角，我想我能確定自我的存在意義......」

於是我對她說：「好吧！拍資料照片，脫衣服吧！」

讓我想不到的是，「呀！那太難為情了......」她垂着頭，哭喪着臉，脫去了內褲。

偶然流露的嬌羞，更讓男人心癢。

4-11 最可憐的處女喪失

為了表現女優是個未經人事的處子，「處女喪失」片的開首部份通常是女優出現在婦產科醫院附近的地方，於鏡頭前展示醫生發出的「處女膜證明書」。

證明書孰真孰假不得而知，但女優在鏡頭前還是會盡量表現得像個處女，如口愛時稍顯青澀、做愛時大叫大嚷，甚至流下眼淚。性行為完結，鏡頭會停在女優的下半身，捕捉鮮血流出的瞬間畫面，以證處女破瓜落紅。

其實，要拿處女証明書，可不容易。一位經理人說：「我打了電話給四五家婦科醫院，對方一聽『處女檢查？我們不做』『鏘』地掛了綫。

他們大抵以為是惡作劇電話，我公司的女職員四處打電話，好不容易才找到六本木的醫生肯作檢查。」

那樣漂亮的美女，為什麼還會是處女呢？

貌似仲間由紀惠的明日香解釋：「我好像一早被認定有男友，所以沒人約我，太老實的性格也可能有影響吧！」

接著說出拍AV的苦衷：「下個月我要去英國留學，卻因電話欺詐，損失了60萬日圓。我想賺回那60萬！」

面試處女，並非首次，但今趟是最可憐的例子。明日香那麼可憐，我明知真處女在鏡頭前的表現，往往強差人意，也決定錄用她。

拍攝當天，一如所料，她躺在床上，像一尾金槍魚，男優想進入，她就逃。

「痛呀！」「不行呀！」她發出了悲痛的喊聲。

男優把性器放到她嘴邊，她就用兩手擋開。這正是處女的反應。最後，男優慢慢進入，她緊皺眉頭、失掉處女的姿態，讓我感動。

拍攝第二場性戲時，加入了專業男優、女優的性愛。

可能是受到專業女優那動人演技的感染，明日香居然有樣學樣地口愛，當進入時，還發出「呀呀呀」甜美的呻吟。

通過現場觀看，我知道了女人會在剎那間突變。

4-12 愛獨居、愛旅行

誰人打工不是為了錢？為錢接拍AV，並不出奇，但AV女優需要錢的原因各有不同。有傳言前AKB48的中西里菜改名山口里子接拍AV，目的是為媽媽清還債務。

但也有一些家境不錯的女優是因好奇而拍攝AV，如1996年出道的小澤圓。

某天，我在辦公室接到一位女性的電話：「我想演出AV...」

聲音像是一個女高校生。我馬上和她相約在新宿一間咖啡店見面。她之前在電話中自我介紹：「19歲，有點胖。」

她來了......是一位不比松子DELUXE遜色的健碩女郎！我幾乎連咖啡杯也掉了下來。

「我想出來過自己的生活，所以希望賺點錢。」悅子說。

周圍的人的目光不時望向我們，她的龐大身軀著實引人注目吧！在無法可想之下，我介紹她去了一間和我相熟的「另類影片」專門製作公司。

　　半年後，我見到悅子拍攝的「相撲」系列AV。穿着兜襠布的形象大為受落，賺到了大錢。

　　「想賺取買男人的資金」的女性我也見過。

　　她名叫磯山清，26歲，出身東京都名牌大學，曾拍過其他公司的兩部AV作品。

　　「我想和世界各地不同的男性做愛，想用拍攝AV的片酬去美國和法國旅行。」。

　　在美國，她曾經和三個黑人、兩個白人發生過關係。在法國，她曾有四個白人性愛對手。

　　「黑人的最硬最長，白人的較軟，用來肛愛最適合。至於印度尼西亞的男人，他們也不錯，為了多討一點點錢，整個晚上，他會不停用口服侍我。現在，我最想找俄羅斯男人。」

　　她接拍兩部AV，所得的片酬，用作俄國和北歐之旅的旅費。

4-13 She-Male女優引刀一切

某天，我接到知名模特兒公司的經理人電話：「我們有一個she-male（上半身擁有女性乳房，下半身保有男性生殖器），你有興趣接見嗎？」

我知道有she-male參演AV，且銷量不俗，如月野姬2006年的出道作《She Male Jam 1》，大賣超過9,000部，成功開拓了「New Half」AV市場。其他知名She-Male女優，包括天音瑠花、七瀬舞、綾乃、水朝美樹、有沢セナ等。除以「She-Male」命名這班跨性美女，有些片商稱之為「New Half」或「男根少女」。

「這些介乎男女之間的一類人，身體到底是怎樣？」心裡很是好奇，想知道答案，奈何Alice Japan沒開拍此類AV，跟She-Male面試的機會幾近零。今次經理人自動送上she-male應徵者，真是機遇難得，不容錯過。

「我們公司不曾開拍she-male作品，但也不是說將來一定不會製作。現在大家見過面也無妨。」我這樣說，目的是給自己留下退路，免得經理人將來追問我：「既然已面試，怎麼還不開拍？」

沒多久經理人跟我約定了面試時間，我引頸期盼，雀躍不已。兩日後，名叫夏江的she-male AV女優現身我眼前，她身高160cm，三圍34、25、35，以男性而言，是小個子類型。

在平常AV女優的宣傳資料頁中，沒出現的「狀態」一欄上，寫著「有/有」。經理人解釋：「這表示她身上有陰莖和睪丸。如填寫「有/無」即代表有陰莖但沒睪丸；填寫「無/無」則是上述兩者皆欠奉。」

聽到經理人詳細的解說，我不勝感激，心想：「在AV業界打滾多年，也真的有我不知道的事。」活到老，學到老，又上了一課。

夏江的性敏感地帶是乳尖、私處、肛門，夢想是「生育小孩」，但這四個字鑽進我的耳朵，心裡不禁為她難過。

進入面試第二部份，拍攝裸體照片，她一絲不掛的站在我眼前，看著那對已隆胸至C cup的雙峰，我鼓起勇氣說：「請讓我看看你的男性器吧！」夏江唯命是從，馬上脫去內褲，露出如小孩般細小的男性器。她連忙解釋：「因為打了女性荷爾蒙，所以那兒也縮小了。」

「我目前正在儲錢，準備到外國進行日本不支持的變性手術，讓自己變成一個『完整的女人』」

我心裡突然浮起一個想法：「當她接受手術後，我很想把她看待成普通的女優一樣面試，看看那人工製造的女性身體。祝願你早日成為真正的女人！」

4-14 女同志為愛而下海

我感到很意外，居然有女同性戀者跑來應徵AV，她們有心理準備接受男優們愛撫、擁抱嗎？

23歲的真美笑起來，很像小林麻央。既是同志，為什麼要拍AV？

「為了女友，我要賺錢呀！她說不介意我跟男人擁抱、做愛。」

我聽了有點不放心，但她是美女，型格又好，我最終採用了她，還跑去拍攝現場看她工作。她在等鏡頭時，就像哲學家一樣地靜靜坐着。我跟她搭訕。

「我默默告訴自己被男優播弄時，心情要好！」她說。

正式開始拍攝。起初，她的表情、動作生硬，30分鐘後，便變得很自然。像一般女優一樣，她連連地叫着「好興奮呀」、「好呀」。最後到達了高潮。

一如既往，有目的的女人會特別賣力。只是拍攝完畢後，她進浴的時間要比其他女優長得多。

「我不想我的戀人嗅到男人的氣味！」她說完，便揚長而去。

第五章

人妻AV女優

人妻AV

長期熱賣

「現役人妻」居多

「失婚人妻」、「準人妻」、「孕婦人妻」也不少

5-1 慾求不滿人妻大報復

「人妻」AV中的女優，有的是假扮，有的是真正人妻，有的是離了婚的過氣人妻。人妻入行原因，不一定是為錢，有的是慾求不滿。

33歲的千佳，身形如高島禮子般纖瘦高挑，言談優雅，丈夫經營建築公司，擁有兩所房子外，還有別墅，可謂是一個高貴婦人。她泫然欲泣道出拍AV的理由：「我要解消無性生活！」一邊眼睛給眼淚潤濕了。

千佳敍述性愛經驗時，神情興奮，當我舉機拍攝資料照時，脫得清光的她，擺出誘人的姿勢，表情挑逗，喘着大氣，搓摸自己的胸脯。

「糟糕！」我正這樣想時，她已隨即軟倒梳化。

我嚇了一大跳，慌忙搖她的肩膊，問：「你沒事吧？」

她很快站了起來，帶點歉意說：「對不起！我不曾試過如此興奮！」

這時候，我發現她的臉赤紅如火。待她穿衣時，我怕相處一室會受到色誘，寧可在門外等候。可等了許久，仍不見她出來，我開始有點擔憂。

過了大約十分鐘，她臉紅紅地走了出來。

「呀！對不起！剛剛自慰了......」

我肯定她一定會藉人妻AV形象大受歡迎。

說起慾求不滿的人妻，我想到39歲的真由和45歲的祐希。她們住在東京某個小區，參加了主婦組成的「卡啦OK會」，每週一趟在小酒吧唱歌作樂。

主婦相約來應徵AV，並不多見，二人為什麼想拍AV？

「我們跟老公都沒有性生活，老公冷落我們！」真由解釋。

「我們要向老公報復。聊天時便想到越軌，不過交個男友嘛，會惹麻煩，我們不想給老公知道而搞到離婚，當然我們也不想花錢召男妓上門服務。」

祐希連連點頭，說：「我們想到拍AV，可以解消我們的苦悶，又可賺錢，更不用擔心惹上毛病！於是，我們在網路找尋AV公司，自動請纓。」

面對我的尋問，她們兩人很乾脆地回答。

真由說：「男人性經驗？到目前有30個左右......」

祐希瞪着眼：「呀！那麼多......我只有四個哩！」

那麼看來，真由幾年前已開始越軌了！因此，祐希吃了一驚。

面試後一個月，兩人結伴演出AV，我特地跑去拍攝現場。

「她們真的很飢渴！」我苦笑起來，這兩個女人真厲害呀！

祐希一邊被男優凌辱，嘴邊叫着：「呀呀呀......好傢伙......再進來一點呀......」她嘴角掛着口涎，身體不住地扭動。

真由的性經驗豐富，導演叫她去舔祐希，她二話不說就把舌頭捲進去。她們並非同性戀者，只是情緒高漲，才變身成蕩婦。

拍攝完畢，她們兩人滿臉滿足地說：「呀！真的感受到性愛了，下次我們把卡啦OK會的人也請過來！」

聽說她們住的那個小區，出現了不少AV女優，只有她們的老公還蒙在鼓裡呢！

5-2 美魔女人妻的危情烈愛

某天，我相約想拍「人妻AV」的洋子，在新宿的咖啡店見面。

「累你久等了！」我一看到出現在面前的洋子，嚇了一跳。

她酷似女優真木洋子，身高約165cm，肌膚光滑，讓人看不出實際年齡已達38歲，名副其實美魔女一名。為了拍資料照片，我們去了時鐘酒店。她赤裸的胴體太美了，胸大，蜂腰，我拍了不少照片。這時，她挨了過來，柔聲說：「我最擅長口愛！」

說完，就拉下我的褲鏈子，想把我的東西拿出來。

「我親它一下吧！」美女直盯着我下半身。

老實說，我真的有點心動，可一想到：「萬一是美人局，那就糟了！」就在緊急關頭，我理性地拒絕了她。

一星期後，她跑來公司商議攝影程序，還帶來了丈夫，他道出妻子要拍AV的理由：「我們的性愛太守舊了……」

如果我面試當日屈服於欲望底下，我哪還有臉見她的丈夫呢！

5-3 人妻的不倫戀

淳子22歲，有一副可愛的娃娃臉，出身神奈川縣。她身高157cm，胸脯相當挺拔。15歲就讀中三時，她把貞操獻給了同級同學。

我凝視著她的俏臉，腦海中幻想出淳子小時的模樣，心裡疑惑：「這麼可愛的一個女孩子，沒男孩子向她展開追求才奇怪。」

性經驗方面，她只跟三名男人發生過關係。在面試表格上的「家庭狀況」一欄中，她填上「有丈夫，有一個5歲的小孩。」

高中二年級時，她瞞著父母，和麵包店的一個26歲店員交往。直到珠胎暗結，家人才發現真相。引起一場騷動後，終於奉子成婚。換言之，她仍是一個高中二女學生時，已為人妻和人母。

兩夫婦在家中親熱，時有被兒子看見，甚至會被追問：「做完了沒有？」兒子的童言無忌，讓淳子覺得很無趣，所以寧願跟丈夫去愛情酒店租房尋歡。

談到性生活頻率，她說：「每周大約有3次。」

以家庭主婦的生活來說，淳子自覺相當幸福。但面試前5個月，她搭上了住所附近一間酒屋的少東，兩個人展開了不倫之戀。她時常光

顧這間酒屋，並使用送貨到家服務，因而跟酒屋的員工混得很熟絡，引來了少東的垂青和追求，走上出軌之路。淳子確是一個可愛少婦，招惹狂蜂浪蝶不足為奇，我很明白那少東的心情。

她每周進行的三次性愛，其中一次便是和這個外遇共享。少東通常會待她上午把兒子送到幼兒院之後，便駕車載她到郊外的愛情酒店，共度歡樂時光。談起偷情的事，她看起來好像沒有感到愧疚，反倒有點沾沾自喜似的。

少東和淳子的丈夫是同一個社區會的幹事，二人關係相當密切。少東或許正以偷得相熟人的妻子而自喜吧！

「為什麼你想拍AV？」我問。

「我很愛丈夫，但也喜歡錢，希望得到快樂！」她回答。

對於AV業界來說，一定會很歡迎這個22歲的可愛人妻加入，不會從道德層面加以責難。

不過，我希望各位丈夫明白，不要以為自己的妻子是一個全職主婦，性方面又得到滿足，就不會紅杏出牆。那些有個美麗、可愛太太的人夫，更要特別注意，不要對妻子掉以輕心。

5-4 帶來麻煩的潮吹人妻

「擔心一旦離婚怎麼辦，所以就想到拍AV！」38歲的里花直接說出動機。

為什麼會陷入這樣的困境？

「原因是我的潮吹。」

真是不可思議的答案！里花與丈夫育有一個5歲孩子，兩夫婦多年來恩愛非常，丈夫兩根手指挑動，已令她潮水氾濫。

丈夫大喜「呀！刺激呀！」丈夫大喜過望，越發性奮，然而陷阱正等待着他們。

「最初潮水只是沾污了床單，後來潮水多了，被褥也濕濕了，還濺到天花板。」

「我當然好舒服，不過弄髒房間就不好，於是拒絕老公做愛。老公慾求不滿，當然不高興，再不正面跟我交談......」

因潮吹導致夫妻關係破裂，十分罕見，我讓她在AV裡飾演人妻。

哎喲！真的令人震驚。拍攝時，男優一刺激她股間，潮水直濺男優的臉孔。隨住她身體扭動，潮水濺向四方八面，更衝向天花板，就似失去控制的噴水車。

現場一片混亂，攝影中斷，只好把濕了的床換上後備床，床鋪又要用毛巾揩乾淨，攝影機和照明器材也要用塑膠紙鋪上。

工作人員還要穿上從超市買回來的便利雨衣，才再拍攝。

只是，還有一個問題。

當男優那話兒進入她身體時，由於潮水氾濫，愛液和潤滑液都流了出來，因此在轉動時，她不住地叫「痛」，神情很苦悶。

這沒辦法，正式拍攝時，只好不進入，純靠演技表演。

她是新人，扭動呻吟的演技十分拙劣，最後只能拍出潮吹驚人、艷情欠奉的片子。

5-5 人妻濫交中出樂無窮

42歲的人妻京子，育有三個小孩，但魅力無窮，是個身高166cm的美人兒。

「濫交？我可喜歡呢！我會利用幽會場地⋯⋯我喜歡真實的性愛，不真實，我沒感覺！」她笑着說。

她18歲破了瓜，用安全套的次數寥寥可數，高潮時，對手扳出性器，在腹部上發射。如果是安全期，就讓黏稠的精液流進去。

「一想到女人最神秘的部分注進了男人的精液，我的興奮度會高達十倍。我跟丈夫雖然結了婚，可是那三個孩子卻並非丈夫所生。婚前我已很濫交，但是喜歡孩子，所以生了三個，那真幸福！」

這真是教人不能同意的說話。最後，她拍攝了「中出」系列。對手是三個年輕男優。

「射呀！射進我那裡呀！」她高喊，一邊劇烈地擺動她的臀部。

我問她萬一回去後懷了孕，那不要緊吧？

「懷孕？如果懷上了，生吧！」她從容地笑着。說真的，她那蠻腰纖體，哪會令人相信她有三個孩子！

5-6 人妻喜歡處男小鮮肉

「我最喜歡處男！」人妻綾香這樣說。

綾香41歲，身高166cm，貌似細川文江，丈夫比她大六歲，但她其實最愛小鮮肉，最着迷嘗新！一到放假，她便在澀谷一帶遊蕩，盯着高中生和大學生。不介意年齡的小鮮肉，就像魚兒那樣興奮地被引了過來。

綾香問那些小魚：「你是處男嗎？想跟我做嗎？」

到現在，她已勾引了近100個高中生和大學生。於是，我就讓她拍攝「人妻VS處男」系列AV。當然片中的男優，不是真處男。三個20歲左右的男優裝害羞、沒自信、沒性經驗，跟人妻綾香交歡時，表現得不知所措，手忙腳亂，讓她採取主動的攻勢。為表示成功奪去童貞，綾香還在鏡頭前展示那裝滿精液的安全套，把玩一番。

拍攝完畢，綾香卻說：「不好意思，我想跟真正的處男做愛！」

「導演！你的工作人員裡可有處男？」

碰巧現場有一個21歲助導U君，他只去過兩次冶遊場所，是「真處男」。

「你去吧！」

聽了導演的命令，U君躺在單人房間的床上，旁邊裝上攝影機，我們就在另一個房間欣賞兩人的性愛。

綾香比剛才的演出還要激烈數倍。

一臉狼相，焦急地脫掉U君的衣服，全身愛撫、吮舐，進攻。處男發出了女人般的性感呻吟，每當有生理反應，便「哼哼」像女人般地笑着。

「太厲害了，我也有生理反應呀！」連導演也興奮起來。

綾香跨上了他的身體，張口狂舐。

「真是好鮮甜，讓我年輕唷！」她伸出舌頭，舔舔自己的嘴唇。說完，綾香便回家。

那天，一共幹了五趟。

U君感謝導演，以後會粉身碎骨地投報。

5-7 「專業主婦」的拍片要求

日本勞動政策研究機構發現，有一成多「專業主婦」（全職家庭主婦）家庭是處於「貧困層」，部份專業主婦需要外出從事兼職維持家庭的生計。由此推想，對於沒學歷、沒工作經驗的主婦來說，工時短、薪金高的AV拍攝工作，無疑是賺快錢養家的最佳選擇。

專業主婦拍AV的時間，往往有所局限。她們拍攝AV，必須配合丈夫的工作時間，一定在丈夫歸家前回家，把晚餐準備好，以免丈夫懷疑。家有小孩的家庭主婦，對工作時間要求更高，限制也更多。

AV拍攝當日，「母親AV女優」要先把孩子送到幼稚園或托兒所，到達拍攝現場最早也要上午9至10時左右。

一般的AV女優，通常是上午7至8時便到場。換句話說，「母親AV女優」的拍攝時間少了兩小時。另外，她們為了接小孩放學，也要較早離開拍攝現場，約是下午5至6時。

過往有一位「母親AV女優」，常常帶同兩歲的女兒到場拍攝，原因並非趕不及送孩子到育嬰院，而是要定時哺餵母乳。

拍攝期間，導演要定時停機，待她哺乳後才恢復拍攝，令攝製隊大受困擾。母親投入拍攝時，經理人便要化身臨時褓姆。

我曾面試一個叫麻耶的人妻，35歲，育有一個讀小二的兒子。她身高158cm，三圍37G、24、35，散發淑女的氣質，有著男人喜歡的面孔。

她婚後一直當「專業主婦」，過著養兒、打理家務的生活，感覺每日過得很快。談到家庭生活瑣事，她流露出滿足的神情，喜悅的說：「這樣的生活算是幸福！」

為了儲蓄更多錢，她決定背著37歲的丈夫接拍AV。透過網路上的AV女優招募廣告，她覓得模特兒公司，替她介紹拍攝AV的工作。

身兼人妻人母的職責，她只可在星期一至五早上10時至下午5時，抽空拍攝AV。她指明不能外宿、不願在星期六、日及假日工作、不跟45歲以上的男優合演、不能在一般的報紙刊物上刊登廣告，只能透過男性成人雜誌宣傳。

麻耶要求多多，可她的要求正好反映出大部份「母親AV女優」的拍攝限制，我也見怪不怪。由於麻耶的確是一個相當出眾的女人，我寧可在時間或各方面都遷就她，也不願錯過一個有潛質的女優。

只花了兩天，她便完成了一部AV的拍攝工作，更成為暢銷的「人妻AV女優」，大受觀眾歡迎。我相信她的丈夫仍被蒙在鼓裡。

5-8 單親媽媽帶著小孩拍AV

當單親媽媽的AV女優，父職母職一肩挑，工作家庭蠟燭兩頭燒，有時無可奈何，要把小孩帶到AV攝影棚。

有一次，突然接到里莉的求助電話：「我趕不及把小孩送到育嬰院，你可否過來幫個忙？」

臨時取消拍攝，損失可是相當慘重，我當然義不容辭的答應。

28歲的里莉離婚後，獨力撫養一歲半的小兒，偶爾會把小孩帶到拍攝現場。

當她跟多名男優翻雲覆雨時，小孩則在旁熟睡。

一旦小孩在拍攝中途醒來，放聲哭泣，拍攝也要被迫中止，讓里莉為小孩哺乳。待吃飽了的小孩再次進入夢鄉後，工作人員才可復工，一直拍攝至深夜才結束。

每次想到那小孩被眾多的工作人員和男優包圍，以及小孩依偎在母親懷中哺乳，露出可愛面容的溫馨畫面，我內心總會湧起一股酸酸的味道，心中有說不出來的擔憂：「這個小孩將來會有怎樣的人生？」

5-9 孕婦系AV女優的辛酸

在AV界打滾了三十多年，最令我困惑的是「孕婦系」AV。一般人認為，女人跟情人製造愛情結晶品，是極度幸福的事。那麼幸福的孕婦，竟然跑去拍AV，真讓我摸不著頭腦。

一直以來，我工作的公司都沒開拍以孕婦當主角的AV，經理人也自然不會把孕婦帶來給我面試。關於孕婦演出AV的動機，我心中疑團重重。

然而，某天，一間規模很小的模特兒公司的經理人致電給我：「我有一個很想拍AV的孕婦，你可否安排面試？」盛情難卻，好奇心驅使我答允。

孕婦是很有趣的一種女優，屬「時期物」，即只局限在懷孕期內才可演出。所以，製作孕婦類型AV的公司，必須先做好計劃，確保AV女優在懷孕期內，能夠拍攝數部影片。拍攝時間及數量計算得準確與否，是成功的關鍵。

有一個專門製作孕婦AV的導演告訴我：「肚子越大、越臨近產期的孕婦，越受觀眾歡迎。」

孕婦系AV售價高，但危險性也更高。2009年2月，一名25歲的孕婦女優，拍畢性行為畫面後，在拍攝受訪的情節時，突然昏迷不醒，送院途中死亡。

有些孕婦產後急需用錢，更會出賣自己的乳汁，接拍「母乳」AV。片中不單有大量噴奶的畫面，男優還會裝嬰兒的模樣來吸吮乳汁。

至於我人生中第一位接見的孕婦女優，是已有8個月身孕的沙貴。她跟丈夫結婚兩年，丈夫因公司重組架構，失去固定職業，家庭經濟狀況變得不穩定。想到即將出生的嬰兒，沙貴決定隱瞞丈夫，從事以前想也沒想過的AV來賺快錢。我對她產生了敬佩之情，心裡暗讚：「母愛真是偉大啊！」

她想拍AV，純粹為了賺錢育嬰，那就沒道理不幫她一把。

首次跟孕婦進行面試，我打起十二分的精神，較平日花上更多時間去檢查應徵者的文件。為了確認沙貴真的年滿18歲，我仔細檢查她的護照，並保留了一份影印本。

然後，我再查看她那本醫院發出的「母嬰健康手冊」，目的要是確認她有定期到醫院進行產科檢查，盡量避免拍攝時出現流產等不必要的麻煩。為謹慎起見，我當然也保留了一份「母嬰健康手冊」影印本。

我把這個準媽媽推薦到一家專門拍攝孕婦AV的公司。後來得知沙貴順利誕下一個男嬰，我也鬆了一口氣。

5-10 新娘寧做AV女優也不做風俗娘

26歲的奈美，任職英語學校老師。15歲時，她在髮廊打兼職工，在店內洗頭台上，為38歲的老闆獻上貞操，隨後二人交往了五個月。過往11年，她曾與15個男人發生關係，其中有真正交往的只有四人。

面試時，奈美有一個男友，二人交往了一年，並準備結婚。問她為什麼要背著未婚夫拍AV，她抿嘴想了想說：「我希望在結婚前把借貸的150萬日圓還清，做個無債一身輕的新娘子。」

AV業界素被看成「風俗行業」，但為何女人不投身能神不知鬼不覺地賺錢的「風俗行業」，反而要拋頭露面當AV女優呢？乍看，兩者都是屬於「性」相關的工作，有其共通性，可實際上有很大的差異。

「風俗行業」有如服務性行業，風俗娘大都不可自由選擇客人，只能按公司的安排，為大量的陌生客人提供性服務，讓他們獲得滿足，快感直衝腦部。可悲的是風俗娘努服侍的客人，通常都是來歷不明，隨時有可能把性病傳給她們。

相反，雖然AV女優都是與男人做愛，對手卻是定期作性病檢查的AV男優，因此被感染性病的機會相對較低。有別於風俗娘，AV女優是有權選擇性愛對手，可以拒絕跟自己討厭的AV男優合作。

在性愛過程中，她們不需要滿足男優的性慾，只需在鏡頭前賣弄色相，跟AV男優合演性行為的戲碼，比較像「演員」的工作。

在拍攝現場，AV女優是女主角，也是眾人的焦點。工作人員對她們關懷、愛護、重視，讓她們心情愉快，感覺到自己的存在感與真實感。

很多女人就是明白了這一點，所以不挑「風俗行業」，寧可選擇做有敗露真實身份危險的「AV女優」。

AV崛起時，想當AV女優的人很少，只要女人肯演出AV，已是額手稱慶的喜事。

但時至今日，為了「賺錢」，不論是奈美那樣有未婚夫的女人，連有男友的女人，有丈夫的女人都選擇當AV女優，AV業界彷彿已發展成一個讓女人能安心工作賺錢的地方。

為了保護AV女優，就算她們的丈夫、男友、親戚前來查詢女優的事，AV業界中人都會緊守行規，守口如瓶，絕對不會洩漏可辨出女優身份的情報。

說起來，我們都是仰賴女優們為生，真的是感謝萬分。

5-11 準人妻喜歡SM

面試時，大多數應徵者都自稱有男友。說著跟男友的甜蜜點滴，同時寬衣解帶，讓我這個陌生男人拍下裸照，她們抱的是什麼心態呢？我摸不著頭緒。

聽到她們津津樂道地說自己的男友，濃情滿溢，我心想：「還是不要拍AV比較好吧！」

看到她們，我總在想：「她們不擔心男友嫉妒生氣嗎？難道她們是想引起男友的嫉妒心？」

有些女人，跟男友到談婚論嫁階段，也跑來應徵。準新娘優子27歲，貌似日本女星「杏」，留有一頭烏黑發亮的披肩長髮。

說完跟男友的浪漫情事後，她談到自慰的方式，這可讓我嚇傻眼。

每次自慰，優子都會用繩自縛身體，並進行自拍。看到她手提電話內的自拍照，除了右手手腕，全身都用繩綑綁，我嚇了一跳，那是正宗的自縛方法，心中不禁泛起疑惑：「你是從那裡學習自縛的方法？」

「通過上網搜尋研究。」她爽快回答。

「男友替你綑綁不是更好嗎？」我追問。

「他是一個正常的男人，我不好意思向他坦白自己的嗜好，不想令他討厭我。」。

看見她一臉無奈的解釋，我不得不問：「那你為什麼要和他結婚？」

「他是一個好男人。」

我終於明白優子投身AV女優的原因。為了抓住條件好的男人，她只好隱藏自己的性喜好，努力找尋其他途徑滿足性慾。

SM系AV中，有的是以日本綑綁藝術為主題，我相信通過拍攝這類AV，優子在婚前可真正嘗試被人綑綁，獲得到性滿足。

這算是AV業界對社會的貢獻嗎？

第六章

職業系AV女優

全職AV女優只佔少數

大部份AV女優是兼職拍片

她們原本的職業身份

成為AV的賣點

6-1 老師的性幻想

19歲的真央，是東京一流大學的一年級學生，從茨城縣來上學，是一個真正的外行。

我一見面，便尋問。

「性經驗嗎？只有一個男友！」真央腼腆地回答。

當問到可有口愛的經驗，她臉孔漲紅，低低地回答：「沒...沒有！」

不愧是一位清純的美女！說話保守慎重，魅力無窮，為什麼要拍AV？

她納納地回答：「我...真的不知道怎樣說...」

她說不太喜歡性愛，也沒經濟困難。經不起我鍥而不捨地追問，她終於表白一切。

「說真的，我是家庭教師，教兩個中學男生英語和數學。教得多了，就想『萬一跟那個男學生有了不尋常的關係，我該怎麼做？』於是就想拍AV，體驗一下......」

真有探索之心！我決定聘用真央主演「家庭教師系列」。

一個月後，影片開拍，故事是真央被學生誘姦。

真央嘴裡拚命抵抗着：「不要呀，正夫......」，可在男優的愛撫和舐吮下，她不由得「呀呀呀」地叫着，全身扭動起來。

「老師！你舐我一下吧！」扮演學生的男優說。

從沒試過口愛的真央，約一分鐘沒有說話，然後低頭苦幹，那含淚的眼睛，極是迷人。

她後來拍了好幾部AV，很受歡迎，不過「家庭教師」系列，只拍了最初的那一部。

某天，我遇到了真央，她說：「我常常一個人看處女作。一邊想着跟真的學生做愛，一邊自慰呢！」

「那部AV，若教學生和他的父母看到，包保會軟倒吧......」

我每想起她，就會笑起來。

6-2 實習教師色誘男學生

千草來面試時，仍是一名教育學部學生，長得像深田恭子，有一對不遜任何肉彈的巨乳。我問起她過去的性經驗。

她答道：「兩個月前，我到高校實習。高中一年級班裡，有一個長相酷似瀧澤秀明的學生，很英俊，我忍不住就誘惑他。下課後，我跟他在教室裡見面，然後帶他去了女廁。」

「我獻上濃密的香吻，用口來服侍他。他不住地叫：『老師！你這麼搞……』像女人一樣擺動身體，那模樣真可愛！」

兩人在廁所興奮起來。

千草回憶：「大概是第一次吧，有點緊張。連續出入了30分鐘，仍然沒獲得那幾秒鐘的快感。所以，我用手來輔助他。跟大學生不同，有一種青澀味道！」

入行後，她拍了四部AV，聽說現在在四國當教師。

這真像瀧澤秀與松嶋菜菜子合演的《魔女的條件》，不不不，應該說「AV情節時有貼近現實生活！」

6-3 賽車皇后投身AV界

在F1或GT賽車競賽中，為車手加油打氣的賽車皇后（Race Queen），大多樣貌標誌，身材出眾，很容易被AV片商看中。多年前，某本寫真雜誌上刊登了一則「賽車皇后投身AV界」的報導。女主角朝子當時只有23歲，身材高挑，樣子甜美迷人，是一塊可造之材。

面試時，儀容端正的朝子，言談舉止大方，我完全沒想像過她是窮家女。我一如以往的問：「為什麼要拍AV？」

她語氣堅定的說：「為了家人。」

沉默了半晌，嘆了口氣，接著說：「父母離婚後，我跟母親、弟弟及妹妹四人同住，弟妹是高中學生。母親的收入不足以負擔一家人的生活費，所以我必須出來賺錢。」

作為家中的老大，朝子希望能多賺點錢，將來可以供弟妹讀大學。這樣的美女竟然要為錢活的那麼辛苦，我頓感難過，同情心油然而生。

我在拍攝現場看她演出，出乎意料的好看，嘆為觀止！雲雨的一幕，朝子的肢體扭動得像一件藝術品，令人目不暇給。她越演越投入，進入了忘我境界，在導演叫「停」的時候，依然繼續扭動。

6-4 現役運動選手轉當AV女優

有男優說：「下體最緊窄的是那些花式滑冰選手。」聽說是由於每日鍛鍊下半身，因而令到股間肌肉發達。

我面試過現役花式滑冰選手美奈子，酷似倉木麻衣的她，肆業於有名大學，她告訴我：「曾跟安藤美姬參加過同一個大會。拍AV也很擔心會讓大學和父母知道，但是玩花式滑冰，很花錢。海外遠征費、教練薪金、服裝費等等，一個月沒幾十萬哪行.........」

我問到股間緊窄這回事。她笑說：「我只有兩個男人，他們都說『你的那裡好緊，真棒，把我的東西幾乎要絞成絲了！』」

事實上，跟她合作的男優也有點興奮地說：「真棒！平日我可以維持一個鐘頭以上，遇到她20分鐘就發射了！」

想起來，在片場看過一位體操選手演出，她在床上，兩足作一百八十度撐開，不住地呻吟、扭動。當男優進攻時，她就扭曲背脊，整個人向天後仰。那是在一般女優身上看不到的姿勢。

快將完結，她俯伏床上，男優從後突襲時，她將身子揉成一團，臉孔朝向男優的下半身。就這樣，她用舌頭舐吻男優，這種突攻，連專業男優也受不了，發出了像女人那樣「呀呀！」的呻吟。

6-5 脫衣舞孃

AV女優轉身成脫衣舞的「脫女」是常道。經我手提拔出來的女優，跑去學習脫衣舞，也是有過的事。

向陌生人展示股間，我總覺得很不好意思。但是，有一個脫衣舞孃卻這樣說：「一看到客人興奮的面孔，羞恥心便高起來，卻又格外興奮，就一口氣豁出去。」

曾試過有舞台上的脫女叫出我的名字，還把腳撐開成M字型，向我招手。所有客人都望向我，這可真令我感到害羞呀！其實脫衣舞的酬勞越來越低。

十多年前，櫻樹露衣跳脫衣舞，酬金是一個月二千萬日圓。但是脫衣舞泡沫早已爆了，到了現在，就是有名的AV女優，一日也不過是四萬到五萬左右。而且聽說習舞學費一個月要四至五萬，服裝費也要七至十萬。

舞孃常在舞台上把腳撐開成M字、V字，供人拍即影即有照片，每枚500至1,000日圓。聽聞拍攝所得全歸劇場方面所有，但即影即有照片的多寡，是舞孃受歡迎與否的測量器。如果拍照的客人多，下一趟就可以去首都圈和京阪神的大劇場演出。

怪不得那些舞孃，拚死地讓人拍她們的股間了！

第七章

鏡頭後的性生活

7-1 意想不到的偷窺者

偷窺源於人類天生的好奇心。

「盜攝」題材的AV，正好滿足男人偷窺別人的欲望。1990年代初，手提攝影機開始普及，「盜攝」AV類型，主要以溫泉、浴場、酒店房、女更衣室、洗手間作背景，模擬偷拍女人換衣服、洗澡、如廁、自慰或性交。為營造現場感及真實感，導演更會以黑白色調或搖晃鏡頭的拍攝技巧，令畫面上的影像模糊不清。現實生活中，偷窺者則不一定是男人。

早苗17歲時，有了性愛初體驗。事情發生在男同學的家裡。她不住地喊着：「痛呀！痛呀！」就在這時候，房門打開了，一看，男同學的母親正在偷窺。當早苗的目光跟男同學母親相接時，她一時間忘了痛楚，只是茫然不知所措。

男同學的母親什麼都沒說，關上門走了。大約過了五分鐘，門又打開了。早苗大吃一驚，這趟挨到男同學的姊姊來偷看。

「他姊姊跟我對望着，一聲不哼地大約看了三分鐘。後來我才知道，同學的姊姊當時是大學二年生，依然是一個處女。她偷看我們，是想體會一下性愛到底是什麼回事！離開男同學家時，他的母親走到玄關向我打招呼：『謝謝你照顧了正夫！』」

這之後，早苗又去過男同學家裡幾趟，可是擔心被偷看，有點不安，結果分了手。呀！世界上真的有做出不可思議體驗的人呀！

7-2 Sex = Bye

華苗22歲，任職牙科醫生助理，面試時說：「我的第一次，發生在高中一年級的時候，對方是我唸初中時的後輩。」

華苗趁雙親不在家，帶男同學回家偷吃禁果，還到附近的便利店買避孕套。

性愛初體驗混合了疼痛和快樂，教她回味無窮，以致想一試再試。若干日後，她約男同學在深夜見面。

兩人偷偷潛進她剛畢業的中學，在校園旗桿的台座上，再度覆雨翻雲。

「為什麼要這樣做呢？」我問。

「在自己畢業的學校裡做愛，不由覺得，呀！真的畢業了！」那種真實感覺會湧現上來。

我聽來好像明白，又好像不明白，於是痛下決心想弄清楚。

追問下去，她一臉愉悅地說起高中畢業時的一件往事：「某個深夜裡，我帶男友潛入剛畢業的高校，情到濃時，就在校園的早會禮堂內雲雨了。」

我終於明白了！「畢業」這件事，令她產生了一種特別的感情。「性愛」成了畢業禮的一個重要環節。

從學校「畢業」的意思，後來引申為從公司「離職」的涵義。當牙科助理前，她在一家公司任職。

在離職前的一個加班工作的晚上，她與在同一公司任職的男友，走到會議室偷情。

很自然地在沙發上發生了性愛。

看來，她的「癖好」是以性愛來跟一個場所訣別。

如果要辭掉現時牙醫診所的工作時，我想她可能會在牙醫的病椅上跟男友纏綿吧！

7-3 戀父女優的動漫戀

就讀美術大學二年級學生的加奈子前來應徵，20歲，身高158cm，三圍32C、23、33，有一雙勾魂狐狸眼。

她喜歡松平健類型的男人，令我驚訝萬分：「真的是松平健？」

松平健生於1953年，現已64歲，是老牌演員和歌手，可不是年輕人熱棒的偶像。我繼續查看她的家庭成員，45歲的父親是公司文員，同齡的母親從事兼職工作。她喜歡的松平健，是比父母年紀還要大的大叔。

「如果松平健跟你說『很想跟你做愛！』，你做嗎？」我故意問。

她點頭：「做。」

「你認為松平健是性愛高手嗎？」我繼續問。

「我想他會很溫柔。」聽來她的戀父情結很深。

加奈子的性愛初體驗發生在17歲。某日，父母不在家，她跟男友在雙親房中找到避孕套，體驗了第一次雲雨。男友是她的小學同學，交往了六年，是唯一跟她有性關係的男人。

這對青梅竹馬的小戀人，有著共同的嗜好，因而經營出一段長久的親密關係。

二人熱衷於漫畫，喜歡cosplay（角色扮演），經常參加同人誌即賣會的cosplay活動，拿著相機「喀嚓喀嚓」互相拍照，是他們最大的樂趣。

他們在家中追求性愛愉悅之時，會扮裝成動漫角色。約會地點也多選在漫畫喫茶店，在狹小的個室中，一面讀漫畫，一面沉醉於肉慾之中，不能自拔。

「吃軟雪糕嗎？」是二人的戀愛密語，代表口愛。

她回憶著昔日的激情場面，一臉甜絲絲說：「在男友面前自慰，然後吞下他的精液。」「在遊樂場的摩天輪上做愛，弄得一地濕漉漉，馬上逃跑。」

情濃的片段，已成往事，皆因男友移情別戀，為了一個在秋葉原女僕餐廳工作的女侍應，大花金錢追求，男友的相機內，更全是那女侍應的照片，氣得她要一刀兩斷。

7-4 從不倫戀到女體盛

27歲的京子，生於埼玉縣，身高158cm，貌似觀月亞里莎的美女。她在一家大型手提電話公司的門市當售貨員，沒有男友，但跟已婚的34歲上司發展不倫戀。

為何要拍AV？她說：「滿足自己的慾望。」

小學時，大約7歲，她首次看AV。我驚奇的問：「在什麼地方看？」

「父母的房中。是父母做愛時所拍的錄影帶。」一個意想不到的答案，嚇了我一跳。

「有什麼感覺？」

「母親似乎感到很痛。」她吐吐舌，接著說：「直到現在，父母也不知我看過那些錄影帶。」

準備拍裸體資料照時，她自豪的說：「我是白板（剃去了恥毛）。」我打量著那光脫脫的身軀，發現下體果然是「無毛狀態」。

「為了討好男友，跟他玩性遊戲。」她道出剃毛原因。

他們玩的是「女體盛」，就是在裸體女郎的身上擺放刺身、壽

司，男人邊品嚐美食，邊欣賞全裸女體。這是古時的性愛遊戲，今天依然會有情侶用「女體盛」來作樂？我不禁有這個疑問。

京子道出原委：「男友想試『女體盛』，被太太拒絕後，便試探著問我。我覺得一試無妨。」

她眼睛充滿興奮的神情，繼續解說：「最初，我身上擺的是刺身、壽司，但進食後身上黏有飯粒，加上生魚的腥味，影響了做愛的樂趣。我們後來改用忌廉、蜂蜜、果醬、牛油，男友的舌頭在我的身體上舐吮，渾身酥軟。」

還有一種性玩意，就是「海帶芽酒」。京子雙腳跪坐，男友在她三角地帶倒下酒，酒流下時，男友用口去舐喝。不想喝酒時，他們會以可樂或果汁代替。聽來很味美！

因為男友覺得舐吮時，耻毛觸及口腔有些不舒服，愛郎情切的京子便將之剃掉。京子越說越興奮：「最近到超級市場購物，總是不其然的找尋各種不同的飲料和食材，很愉快。」

真是一個率性灑脫的女人！活著就是為了滿足自己的欲望。

7-5 美少女醉後變痴女

「我的酒量很差!」22歲的由真在面試時，這樣介紹自己。

她長相像松隆子，身高169cm，身形近乎完美。光說話，胸部都會上下搖晃。她低着頭說話，模樣很清純。

我覺得她是一個教育良好的女孩，可是實際上，她只要一沾酒，就會變成一個蕩婦。

「我平日很怕陌生，可是一喝酒，人就會變樣……一有醉意，就立刻會向隔壁的男人撒嬌，緊緊抱住他，然後親嘴。」

對手是剛見面的男人，還能裝鎮定，然而隔着褲子摸到男性股間，就會發出嬌啼：「哇!好硬呀!」

面試期間，得到經理人的同意，我跟她乾了杯。

酒後，由真說話多了起來，說：「兩個月前，在喝酒會玩國王遊戲，我半途強行拉下一個初相識男人的褲鏈，所有人都叫起來『進去呀!』我就爬上去，進入了!」

我立刻給予她合格。

一個月後，她演出AV，跟酒醉後變色娃的兩位專業女優和十幾位男優共同演出。

我們讓三位女優都喝酒，她們婉轉嬌啼，然而由真的逼力是別樹一幟的。

由真看來喜歡從後進入，匍匐在地上，不住地懇求：「來吧！」

男優們川流不息地捧着由真那巨大的臀部發射。

另外那兩位女優不覺呆住了：「真的是新人嗎......」

由真的淫蕩實在是教人吃驚。

某天，碰到了由真，她笑着說：「喝酒會的邀請多到數不清！」

像她那樣的酒伴，當然萬眾期待！

7-6 孿生姊妹的淫亂生活

生於北海道的真理，20歲，貌似AKB48的大島優子，在居酒屋工作。

她的性愛初體驗發生在16歲，對手是同級同學。我提出面試的標準問題：「性經驗人數？」

她回答有100人時，我不禁吃驚的發出「噢!」一聲。嚴格來說，這100個男人中，只有10個是真正交往過的戀人。她還補上一句：「現在沒有男友，但有一個28歲的sex partner。」

真理有一個難忘的性體驗：「有一趟，在男友人的家中喝得酩酊大醉，我和姊姊一起跟5個男人雜交。」

在面試表格上的「家屬」一欄裡，我發現她的姐姐同樣是20歲後，遂就這一點追問下去，證實了她和她姊姊是一對孿生兒。

她把姊姊由理的照片給我看，兩人的樣貌極為相似，應該是同卵雙生的姊姊。她們的關係非常要好，彼此好像有心靈感應，姊姊月事來潮時，真理的月事也同時到來。

事實上，姊姊對真理的影響很大。中學時，姊姊已教她抽煙喝酒。姊姊16歲失去處子之身後，真理也馬上依樣畫葫蘆，誘惑同級同學偷吃禁果。

另外，姊姊跟男友到附近的電玩中心遊樂，情到濃時，會進女廁做愛，真理則在廁所門外把風，見到有人到來，即拍門通知姊姊。

18歲時，姊姊帶她去參加喝酒會。聚會中，大家經常會玩「國王遊戲」，做國王的贏家可以指定輸家完成任何指令，最常見的指令是在眾目睽睽下做愛。

在濡耳目染的影響下，真理感到被人看著自己做愛是一件樂事，漸漸的跟姊姊一同沉溺於雜交性派對。

有一次，真理依姊姊提議，冒充姊姊，跟她的男友做愛。那男友一邊享受一邊呢喃：「很奇怪耶！」「怎麼好像怪怪的？」

7-7 愛性事家庭

梨花22歲，長得像熊田曜子，風姿出眾，在國立大學圖書館工作，跟母親、姊姊三人共住。母親45歲，卻已離婚三次，現在的男友是一個18歲高中男生。

學校放假，男學生總會來梨花家，躭在母親睡房，由午間起一直沉淪於性愛裡。梨花跟姊姊一邊聽呻吟聲，一邊交談：「今日媽媽好興奮呢！」

「大概是月經快要來了吧！」

興奮過後，一起吃飯，兩姊妹視媽媽的小男友為弟弟般看待。

至於24歲的姊姊，18到20歲時曾當過AV女優。

現時靠AV時代相識的46歲男友，每月給與80萬元過活。

最教我吃驚的是梨花的3P體驗。有一回，姊姊的男友要求兩姊妹一起玩3P。

「那個男友一說『想看看同性戀』，姊姊就不顧我痛不痛，掰開我的兩腳，一逕地舐。

男人興奮異常，輪番跟我和姊姊結合。事後，他給了我15萬日圓零用。」

梨花沒有戀人，卻有四個sex partners，包括當她去當臨時工的時裝店上司（31歲）、同事（23歲）、著名大學學生（21歲）和大學教授（40歲）。

「有四個sex partners，就不需要有男友。」

那個大學教授好變態，在我脖子上縛上繩子，拖着我像狗一樣地走。

做愛時，命令我不准講話，只可汪汪地吠。

跟着又用鞋扳子砰砰地打我屁股，然後做愛。雖然受盡虐待，我卻好喜歡。」

我聽了，感覺莫名奇妙，梨花一家可謂無性不歡。

7-8 口技了得　師承大嫂

舞子24歲，酷似女星優香，型格出眾。

18歲時，她在咖啡店兼職，把初夜給了30歲的店長。和店長交往了半年便分手。之後，大約和10個男人發生過關係，全部都是年紀比她大的，其中有六個是有愛有性的男友。

「女人選比自己年紀大的男人，是很普通的事，也許是想要安全感。」這樣一想，我就抱一顆平常心，繼續面試下去。

面試時，她沒男友，卻有兩個分別33歲和30歲的sex　partners，每周大約有三次性愛、四次自慰。

「我很喜歡做愛，但從未有過高潮。希望拍AV時能夠嘗到這樣的滋味。」她率先表白。

看看面試表格上，有關「有否口愛經驗」這一欄，她在「有」的一項打圈；「是否喜歡口愛」一欄，她選了「是」。

「你覺得自己的口技如何？」我問。

她自豪地說：「男人都說很舒服。」

問她如何學得如此好的口技，豈料答覆是：「嫂嫂教我。」

16歲時，舞子路經哥哥的房間時，聽到他說：「替我舐舐吧！」便好奇地探頭偷看。

她見到嫂嫂伏在哥哥的下身，前後擺著頭，狀甚陶醉，一些白色的液體還從嫂嫂的口角流出。

如是者躲在房門後面偷看了三、四次後，終被嫂嫂發現。意想不到的是嫂嫂沒有責難她，也沒有告訴她的哥哥，反而向她傳授了口技的秘訣。

剛踏進18歲，交上當店長的男友後沒多久，舞子即急不及待在第一次雲雨時，把嫂嫂所教的招式，悉數施展，令男友興奮莫名。

回家後，她還馬上跟嫂嫂作賽後檢討。向嫂嫂討教期間，嫂嫂偶爾會透露一些兩夫婦床第間的趣事，讓她啼笑皆非。

自從發現了哥哥不為人知的一面後，舞子看到一臉嚴肅的哥哥時，都會按捺不住的偷笑，弄得哥哥莫名其妙，有時還氣得罵她神經病。

7-9 離開Crossdresser丈夫的性福

靜香39歲，面部輪廓突出，樣子美得有如山田優，身型纖細，卻有著引人注目的大胸脯。

長得標緻的靜香，從小便多追求者，包括學長、同級同學、學弟。由於她一直抱著第一個性愛對手，就是未來丈夫的想法，所以，她選擇男友十分慎重。結果她比同齡朋友較遲獻出寶貴初夜，但她反而以此為傲。

精挑細選出來的男友，豈料是花花公子一名，交往沒多久，即經常出外鬼混，靜香怒火中燒，從此不再信任男人，也不再和男性約會。

轉眼間，當年夢想18歲拍拖，25歲結婚的靜香，已年過30，變成剩女，內心不禁百感交集，焦急萬分。

35歲那年，她在一家正經的高級按摩店工作，一位自己經營公司的熟客向她展開追求。

她久旱逢甘露，心花怒放，決定再闖情關，跟熟客經常相約晚膳、看電影，也很自然的發生了關係。雖然熟客不熱衷性事，但靜香自圓其說，認為對方已42歲，對性的熱度不再強烈，也是人之常情。

交往了六個月，熟客求婚，她一口應允，心想：「這次應該是找到了幸福吧！」

婚後兩、三個月的一天，她無意中打開了丈夫書房中的一個衣櫃，發現內藏大量女性胸圍、內褲、大碼的女性服裝和外國男人易服女人搔首弄姿的DVD，她大為震驚，難以置信。

丈夫回家，她大興問罪之師，丈夫只好坦承自己是Crossdresser，喜歡穿女裝。

丈夫的自白，令她再次受到打擊。礙於當時已懷有身孕，她決定不離婚。但丈夫的性癖依舊沒改，反倒變本加厲，時常在她面前展示珍藏的女裝。

從靜香的經理人口中得知，她跟丈夫已離婚，拍了多部AV，感情生活也往前邁進，同時被兩個分別77歲和55歲的男人包養，又有兩個分別是三十代和四十代的sex partners，生活開心。

7-10 混血女優5歲已懂性

　　AV界有不少知名的混血兒女優，他們的雙親必然有一位是日本人，如小澤瑪莉亞（加拿大、日本）和原紗央莉（德國、日本）。多年前，跑來面試的Miku，父親是日本人，母親是巴西人。她22歲，身高175cm，三圍39、26、38。她一點也不像日本人，活脫脫像個外國人。

　　5歲時，她隨母親參加里約熱內盧的嘉年華，見到熱情的巴西人在白晝的街頭親熱，甚至當眾做愛，充滿了好奇，天真地追問身旁的母親：「這些人在做什麼？」母親一言不發，慌慌張張的把她拉回家。里約熱內盧的嘉年華非常豪放，有關方面還在現場派發避孕套，這一切令Miku留下了極深刻的印像。未知是否受此影響，Miku從5歲起已學會自慰。

　　升讀小學時，她返回日本生活。還是一個小學生的時候，她已對男同學褲管內那話兒產生莫大興趣，看來她的身體果真是流著熱情的巴西人血液。就讀六年級，只有12歲的Miku，便跟同級同學偷情，獻出寶貴的第一次。性愛帶來的歡愉，讓她樂此不疲的繼續沉淪，跟不同的男人盡享雲雨之歡。

　　問她曾跟多少個男人發生關係，答案令人咋舌：「正確的數字無法計算，我想至少有三百人吧！」拍攝裸體照片時，Miku顯得極度自然，騷首弄姿，炫耀驕人的身材。以她擁有豐富性經驗的這點來看，我相信她將是扮演「痴女」的好材料，定能滿足男人的慾望。

7-11 處女心情 痴女經驗

男人大抵都有點處女情意結，想像處女象徵「純潔無瑕」，不曾被其他男人侵佔。如果自己的女人是處女，那就是「完全屬於自己的物品」。有趣的是，當部份男人仍對處女珍而重之，有些女人卻以處子之身為恥。

22歲的直子，貌似川村雪繪，有著娃娃臉。15歲時，她為自己仍是處女而感到羞恥，所以拜託一個交了大堆男友的女友人：「我怕痛，請介紹一個性技術好的男人給我。」

經女友人介紹，直子跟一個18歲的男孩去了時鐘酒店。第一次的性體驗，令她痛不欲生，滿身是血，眼淚不受控制的流出，於是決定「絕對不再做愛」。她雖然有這樣的想法，可一看男性經驗的人數，我吃了一驚。有一百人！計起來，失貞後每個月，直子都和一個新的男人發生性關係。

那她是否曾做風俗娘？看她在面試表上所填的職歷，只做過藥房店員、卡拉OK店員和家庭餐廳侍應等普通工作。

原來那些與她有一腿的男性，都是以「逆搭訕」（女人找男人搭訕）的方式交上。談到感情狀況時，直子不諱言：「我現時有一個25歲的男朋友，還有五個sex partners，每星期做愛三至四次。」

直子從性愛中獲得了快感，踏上AV女優之路。

7-12 AV女優的性癖好

1.純情OL愛吮液

21歲的OL幸江，酷似歌手平原綾香。外表看來清純，其實曾和八個男人上床。「每次性愛之後，我都喜歡把手指伸入避孕套裡，沾上他們的精液來舐，有鹹的、苦的，也有各種不同的味道。」她輕輕地說。

「我也會舐自己的私處，在身體不好的時候，味道很強烈，無論誰都會這樣！」在處女作中，她舐吮自己和男優方的體液，還嘀咕地說好美味。

2.喜歡酒醉後拔體毛的大學生

23歲的大學四年級學生由加，下體毛跡那裡佈滿斑點。拍攝裸體寫真照片時，她娓娓道出拔毛的經驗：「拔毛時的痛，令我覺得十分舒暢。我被男性欺虐時，也想他們拔下我的體毛……」我卻聽到雞皮疙瘩都起來。

後來當了AV女優的她，也愛扮演受凌虐的角色，並要求男優替她拔除體毛。她邊享受著拔毛的痛快感覺，邊高興得流下眼淚。

3.越剃越興奮

她23歲，小乳房，貌似八戶市美女市議員，面試時，她說：「中

學時，我看到恥毛黏着經血，好討厭，便開始剃毛。」她的丈夫喜歡她仰天睡，然後把酒倒進三角地帶來喝。

那是沒有恥毛的「嫩茅酒」。「只要毛一長，他便剃。他會很興奮。他一邊替我剃，那裡就會有高漲。一進去，快樂得幾乎死去！」

4.美少女愛米田共

20歲的麻衣子，樣子像蒼井優，肌膚勝雪。她介紹自己時說：「我的性嗜好是糞尿。自己的，別人的，都喜歡......」面對驚愕的我，她又說：「我想拍硬蕊SM和強姦，獸姦也可以。」說話時語調明快。可惜Alice　Japan不開拍過份變態的AV，我只好把她介紹到其他AV公司。順帶一提，以女性排便為題的AV，在1983年首次推出，片名為《ザ・ウンコ》。

糞系AV的情節，主要是排便、進食糞便和塗抹糞便在身上或臉上，畫面惡心，卻吸引了一班有特殊性癖的觀眾。

5.俏護士沉醉在汗臭味中

春菜25歲，魔鬼身材，天使面孔。正職是護士，兼職AV拍攝工作。她有「氣味癖」，每當嗅到男人身上的體味，內心潛藏的慾火，便會燃燒起來。每次溫存之前，她都不讓男人洗澡；在魚水交歡之時，也不容許他脫掉所有衣服。

嗅著男人衣服的味道來交歡，她感到一股莫名的舒服。要是以後背位方式結合，她便會自覺難以嗅到對手的體味，興奮不起來。

完事後，對手身上的汗臭味兒，讓她陶醉萬分。男人下體散發出的味道越是濃烈，她越覺美味可口。

6.穿洞掛環而來的少女高潮

酷似伊東美咲的景子，外表清純，脫剩內褲時，肚臍居然穿環。吃驚之際，我發現她乳蒂也穿環。到脫去內褲、處於躺着的狀態時，她特意張開性器，小陰唇上也露出了環。看來她是很想向人展示她的環。

「平日舌頭也穿環，跟男友口愛時，環會刺激微妙部分，感覺特好！異常亢奮，性慾難抑。」她用若無其事的語調說着。

呀呀！真是各式各樣的少女都有！

7-13 女優送給我的禮物

1.私密照片

慶子25歲，身高169cm，模特兒身型，滿身是勁。某天，我去拍攝現場探訪，她和三個男優拍對手戲，雙眼反白，扭着身子叫，叫聲傳遍攝影現場。休息時，我們閒談，她要求我教她用手機傳照片，取得她的經理人同意後，我便教她。

此後每遇季節變化，我都會收到她的手機訊息，除了問候之外，還有很多她自己局部的特寫，有時是剃了毛的罅隙，或者是手指伸入股間自慰，有一些則是被麻繩綑綁，像狗一樣匍匐地上的照片。

2.毛髮信件

一個22歲的OL，在面試時說：「在某家製作公司的AV中，我將要剃去恥毛演出。」

我隨即半開玩笑的說：「留一些給我吧！」

兩個月後，我收到了一封她寄來的信，內附一包用紙巾包著的毛髮。信上的字體十分秀麗，寫著：「這是我曾許諾給你的禮物，請好好保存。」她如此守信重諾，深深地觸動我的心弦。

第八章

卒業&引退

8-1 銷聲匿跡的AV女優

一般而言，轉校、轉職、搬遷，我們都會跟舊同學、舊同事、舊鄰居保持聯絡，空閒時，大家或許會相約茶聚，閒話家常，緬懷往事，訴說近況。

可是，AV業界是一個特殊的世界，業者大都會對身邊的人保持高度警覺，對行外人更難以暢所欲言，且偏向隱瞞自己的工作情況。我有位在AV業界工作了25年的朋友，他一直只對家人說自己在電影公司工作，且絕口不提工作的詳情。

在AV業界工作的人，往往被標籤為反社會的野蠻人。所以，我跟行外人交換名片的時候，都會先細心留意對方的特質，才決定如何介紹自己的工作。如果覺得跟對方說「我是為AV製作公司挑選AV女優的選角監製，專門找尋女優。」因而有機會被排斥的話，我便會以「電影相關的工作」來回應。

以工作內容來說，我並沒有說謊，只是把說話修飾了一下，免去不必要的尷尬。作為AV幕後從業員，都不敢坦言自己的職業，更何況幕前工作的AV女優呢！

在AV同業的飯局中，時有常來參加的AV女優突然銷聲匿跡，我每次都會感到：「呀！為什麼不見了？發生什麼事呢？」惶惶不安，好像家中的女孩失蹤了，擔心得快要去報警找她回來。一個轉念，我就想起：「唉！又是這樣。」便把報警的念頭打消。

類似的突然失蹤情況，屢見不鮮。我有時會反思，之前跟她們一起吃飯時，還笑逐顏開，是不是我不小心，說了令她們不開心的話，使她們莫名其妙的消失了。當然，這至今仍是一個不解之謎。

AV女優突然不再與業界的人接觸，從此消失，大有人在。但是，也有些AV女優，在消失三四年後，大家都差不多已把她們遺忘的時候，會突然出現，還裝若無其事，前來參加飯局。她們的出現，其實在暗示要復出AV拍攝工作。

從引退到復出，一般的周期為三至四年。消失的期間，她們做過什麼，我通常都不會過問，只是感到不可思議。

AV女優引退後，很多都是音訊全無。但是，有些女優會在Facebook或類似的社交媒體上，分享最新的生活狀況。看到她們結婚生子，為家人烹調美食，過著幸福的普通人生活，我也感到安慰。

過去，我曾面試超過一萬名AV女優，在此衷心祝願她們生活美滿，也希望她們不會後悔曾經選擇「AV女優」作為職業。

8-2 被逼引退

AV女優被家人發現拍片，被逼引退的事時有發生。

多年前，身材如藤原紀香的美少女秋山來面試，堅定地許下諾言：「我想成名，也想賺錢，我一定會努力工作！」

我聽了，很歡喜，跟她簽了六部AV合約。

某天，我帶秋山參觀新人發賣會，讓她體驗一下現場的氣氛，雖然是新人，她的巧手卻把三個男優震天價響地喊：「好呀！真舒服呀！」絕不像是新人，而是一個好色的少女。

一切順利，我心中充滿期待，然而就在距秋山處女作推出市場的10日前，公司來了一對40歲左右的夫婦。

他們焦慮不安地說：「為你們公司拍AV的秋山，是我們離家出走的女兒！」

「呀！糟糕！」我抱着頭，心裡喊了起來。她雖然是高中畢業生，可萬一是離家出走，那就麻煩了！如果她的父母跑去報警，我和公司都會受到警方的調查。

AV界其實是一門像棉花那樣軟弱不堪一擊的業界，最怕跟警察纏上。

經過確認後，秋山真的是那對夫婦的女兒。過了幾天，我跟秋山的父親商討善後之策。幸好秋山的父親是一家上市公司的職員，很明事理，我告訴他，現在中止發賣，我們公司就會損失慘重，希望他能明白我們的苦況。

商議結果是已拍完了的那三部AV，可以公開發售。

「我倆夫婦太縱容她了，終於造成女兒那可恥的姿容暴露於世間！」在分手時，秋山父親聲帶哽咽地說。

按照原定計劃，我們推出了秋山主演的AV，銷情紅火，僅是三部已達到了營業額。

想想萬一局面打不開而要中止發賣，演員費、攝影費、DVD製作費，三部加起來就需要六千萬日圓。

8-3 未出道已引退

兩個40來歲，平頭裝髮型的男人，坐在公司的會客室，其中一人的語調有點兇：「今次來，是關於即將在貴公司出道的新人女優良子，我要你們停止發行她的AV。」

一看二人的名片，我大驚，上面印著「XX興業」的公司名稱，以毛筆字體的方式印刷，表現出典型的黑道風格。他們是受良子雙親的委托，登門談判。當時，良子的處女作已製作好，一個月後可發行。停售的話，公司會虧本。社長想了想，很鎮定地回答道：「我們會盡量停止發售新片，請給我們一點時間去想辦法。」

過了不久，又有新的代理人登門，這次不是黑道，而是律師。談判的結果是，良子那方要是願意支付八百萬日圓的製作費，影片便停發。翌日，良子的經理人告訴我：「良子的父親是一家知名大企業的高層，他以為AV製作公司都是由黑道操控，所以便委托相識的黑道背景人士出面談判。後來，他知道貴公司的社長和職員跟黑道並無關係，便把事件轉交律師處理。」

那麼良子又為何要拍攝AV？經理人說：「跟父母對抗吧！現在，她被關在家中反省。」

公司最後取回八百萬。以良子的美貌和氣質，她主演的AV要是公開發售，利潤應該超過一億日圓。

8-4 廢盤AV

某天，我接到一通電話：「社長在嗎？」聽得出電話那頭的男人語調焦急，像發生了大事，於是我探問他找社長有什麼事。

「貴公司的女優悅子，現在是我的妻子。」男人這樣一說，我心知不妙。

悅子曾是人氣AV女優，長相美麗，AV粉絲見到她，一眼便可認出。但是，致電給我的那位男人並不知情。

「去年，我和妻子透過相親結婚。最近，她有了身孕，哭著說有一些事隱瞞了很久，最後坦白說出以前當AV女優的事。真把我嚇壞了！」

我向男人索取悅子的真實姓名，隨即聯絡悅子以前的經理人，證實悅子的真實姓名一如男人所說。

「我可以原諒妻子過去所做的事，可我不希望她拍攝的AV，再在這個世界上出現。」再次聯絡時，悅子丈夫提出這個要求。

無巧不成話，公司那時正在準備為悅子的影片推出復刻版。但考慮到她丈夫的要求和心情，公司決定擱置銷售計劃，把悅子的影片列入「廢盤」類別（即不再生產的AV）。

8-5 幸福的婚嫁

AV女優跟很多女人一樣，夢想是結婚生子。

所以，她們一旦碰到合適的男人，大多會宣佈引退，然後靜悄悄的嫁人。

多年前，我無意間介紹了25歲的OL美江入行。回想當時，我只是到一家相熟的唱片公司探朋友，在朋友介紹下，認識了美江。她知道我從事AV相關的工作後，非常感興趣的說：「我想看AV。」

其後我把幾部AV郵寄給她，包裹裡還附上一個星探朋友的名片，以及一張便條，寫道：「如果你想拍AV，就和此人聯絡。」

四個月後，我接到星探朋友的電話：「幸虧你替我遊說，那個女職員快要拍AV了。」

不負朋友所望，她憑處女作一炮而紅。

美江退出AV行業後的10年左右，我收到她寄來的喜柬。我懷著半信半疑的心情，依照日期去到茨城縣的婚宴會場，見到她身穿婚紗，忙著應酬賓客。

「歡迎你到來，我很開心！」她熱情走來打招呼。

我獲安排坐在最前列的桌子，身旁都是男賓客，便隨意跟他們攀談：「你們是新娘的朋友？」

他們眾口一詞：「不是，我們是新郎的同事。」

「我們是公立中學的教師，新郎是教社會科的。」其中有人補充道。

原來前AV女優的丈夫是一個中學教師。

「你跟一對新人是什麼關係？」

冷不防其中一位男賓客向我提問，我不由心頭一凜，小心答：「我是新娘以前認識的朋友。」

嗣後，我只在一旁陪笑著，再也不敢說話。

新郎是否知道新娘曾當過AV女優？我不知曉，可我深知35歲的美江已抓住了幸福的尾巴。

8-6 引退之後......復活

AV業界掀起了一股懷舊潮，不少引退多年的知名女優紛紛復出拍片，其中一位更是「宇宙企劃」時代的「大物AV女優」小森愛。復出前半年，她來到我公司面試。

身高158cm，身材苗條如昔，艷光更勝從前，令我眼前一亮。難怪當年的名攝影師，都爭相為她拍照。

在「宇宙企劃」當專屬女優四年間，她只拍攝了三部AV，就現在專屬女優需要每月拍片的情況來說，那個主演作品數量是不可能發生。

但物以罕為貴，加上「宇宙企劃」大力宣傳，作品銷量極佳。沒有AV推出的期間，她為「英知出版」旗下眾多雜誌拍攝寫真集，以平面美少女模特兒的身份工作，保持知名度。

小森愛走紅，漫畫家也把她化成筆下的美少女角色，在週刊上連載，引來無數注目。她的懾人魅力，來自那純情的美少女形像，以及超凡脫俗的氣質。

甜美迷人的韻味，輕易抓住了男人的心。當年在「宇宙企劃」工作的我，也被她迷得神魂顛倒。

闊別二十年，跟傳奇人物小森愛再次相遇，還有幸跟她進行面試，一股莫名的興奮感湧上心頭。

有別於平日接見年輕女郎，我沒有提出突如其來的問題，每次提問，都經過謹慎思考才說出口。

年屆42歲的她，引退後從沒結婚生子，自力更生，平凡過活，曾在餐廳的廚房內工作。為何不是擔任女侍應？

她嘆了一口氣說：「成名所累，擔任女侍應的話，每天必須接觸很多顧客，我過去拍攝AV的事便很易會敗露。」

踏實的生存方式，確實讓我觸動，鬥志也被燃起，誓要幫助她再次成為暢銷的AV女優。

可惜，出師不利，我興致勃勃的向公司推薦小森愛時，營業部的同事竟瞪眼問：「她是誰？作品會暢銷嗎？」

難免令人打上問號，畢竟她紅得發紫時，這群年青營業員只是小學生而已。

　　為了喚起大人們年少時的青春記憶，同事想出了一個AV業界首次採用的宣傳活動，就是在原宿的一家畫廊舉行「小森愛寫真展」，展出處女作品、AV封面照片、早期的雜誌照片，以及復出作的劇照。視她如女神的昔日影迷蜂擁而至，場面熱鬧。

　　小森愛在影迷的簇擁中，光榮復出。

　　復出作正式上架販售，銷量成績出乎公司所有人的意料，空前成功，證明小森愛果真是AV業界的傳奇。

給女讀者的信

親愛的讀者:

你可曾幻想過當AV女優?

應徵AV女優,基本上要符合以下四項條件:

1. 年滿18歲,身體健康。在學的高校生,就算已年屆18歲或以上也不會聘請。

2. 必須出示有效的身份證明文件,以證明日本國籍及年齡已屆滿18歲。不少AV片商為免招惹麻煩或國際醜聞,只會聘用日本籍的女性,外籍人士就算持有工作簽證也不會錄用。

3. 只跟一間模特兒經理人公司簽署合約。

4. 有濫藥習慣、身體留有疤痕、胎記或牙齒正在進行矯型的女性一般不予錄用。

我們對於應徵者的樣貌和身材,是採取開放的態度。樣貌姣好、嫵媚動人、身材出眾的美少女當然是首選;樣貌平庸、身材不甚突出的人妻、熟女、老婦也一樣有機會被錄用。

對不起,沒有取得日本國籍的香港女士,無論妳們的條件如何優秀,我也只有含淚拒絕錄用。

塞翁失馬，焉知非福。AV工作帶來的污名，並非人人可以承受。

多年前，我被老朋友邀請出席普通企業、公司職員雲集的「名片交換會」。那個「名片交換會」盛況空前，約有200人聚集。我一邊想著像我這樣不合身份的人，會真的被那些為拓展人脈而付費參加「名片交換會」的普通公司人員所接受嗎？一邊向身邊的人派名片。有人問我：「幹什麼職業？」

我回答：「AV製作！」出乎我意料之外，接受我的男人們說：「常常得到你們的關照！」

正以為：「沒來錯這個集會」，向着一個穿和服的女人遞上名片。女人問：「你幹什麼職業的？」

我回答：「AV製作！」

那女人立刻後倒退了兩步，並用將我看成怪物那樣的目光凝視着我，露出「震驚」的神情，這以後我的心靈受到了挫傷！我感覺到：「人世間的目光，竟然是這樣地冷落我們AV業界的人！」

我從事AV幕後工作，也因AV污名化標籤的負面效應而被拒絕，AV女優日常遭受的歧視和排斥，豈不是更嚴重？想到這裡，心不禁戚戚然。

小座芳一

新人女優出道時，繪製可愛漫畫送給小堀先生。

給男讀者的信

親愛的讀者：

你想當AV男優嗎？請先聽我解釋AV男優的工作，才作決定吧。開始！AV男優分三個等級：專業、汁男和Extra。

行內只有約70個專業AV男優

要被肯定為有「能力」的專業AV男優，過程可不容易。他們至少要在四五個現場工作人員面前勃起，還得依照導演指示的時間，在三分鐘或五分鐘內射精。每一趟的拍攝，男優都需要有兩次以上的射精能力！這絕非普通男人可以做到的事。聽說有一些AV男優，更擁有特殊技藝，面對陰道狹小彎曲、易生疼痛的女優時，可自由控制自己性器的硬度，配合女優身體的特別構造，使結合的過程更加暢順。真是神乎其技！

無庸置疑，勃起是AV男優的工作。要是性器處於不能勃起、硬度不夠的狀態，導演便會下令停機等候。遇上這種被AV業者稱為「等候起立」的情況，男優往往會遭女優和攝製人員指責，因為他們的不濟表現，導致拍攝時間延長，時租的攝影棚費用也隨之而增加。為求盡快勃起，男優會先靠自己的一雙手去刺激性器，如果還不行，才由女優代勞。女優或會一面提供口愛，一面埋怨。可憐的AV男優只好苦忍，完全是處於「如坐針氈」的狀態。

AV男優抱著女優拍攝時，要高度警惕，絕不能只顧自己快樂。他們要不停遷就鏡頭的位置，還要攏高女優的頭髮，使鏡頭可以拍到女優的面孔。現時，能夠在這樣殘酷的工作下，屹立不倒的頂尖專業AV男優只有70人左右，工作都集中在他們身上。

大量兼職汁男優

汁男優只是兼職工作，不用跟女優發生性行為，只負責貢獻精液。「Bukkake」系AV中，時常出現多名男優對一個女優大量噴射精液的場面，故特別需要汁男參與拍攝。至於挑選的準則，不外乎勃起要快、精子量要多、噴射力度要強。

Extra男優

Extra男優也是兼職工作，這班臨時演員主要扮演路人甲乙丙丁，如電車痴漢系列中的乘客、餐廳顧客、店員等，他們跟AV女優都沒性接觸。

一個AV男優的「能力」，不是單靠性器的大小而斷定，還得看他們的現場表現是否獲得攝製人員的認可。要成為AV男優的道路是很艱辛，片酬又遠不及女優，專業AV男優，拍攝一部AV所賺得的，大約只是單體女優片酬的幾分之一，企劃AV女優片酬的四分之一，片酬不會超過10萬，日本第一男優加藤鷹也只得75,000日圓。至於汁男優，往往只得1,000日圓，也曾聽聞有些汁男優和Extra男優，為了親睹AV女優，還甘願無償奉獻。

你現在還想進入這個「男卑女尊」的AV世界嗎？

私相簿

葵司

心花由羅

郷司利也子

林泉水

小森愛

奥田咲

和服裏的風景：窺視日本AV製作

作者：小堀芳一
譯者：沈文欣
編輯：同 文
美術設計：TH Design Studio｜葵 蘭
合作伙伴：Alice Japan、EEM Japan
鳴謝：壹週刊/高仲明

出版：明白了創意有限公司
地址：香港上環德輔道中317-319號啟德商業大廈11樓1104A室
電郵：hi@aha-concept.com
網址：www.aha-concept.com
臉書：https://www.facebook.com/ahaconcepthk

承印：出版工房有限公司
地址：香港九龍油塘四山街4號華輝工業大廈5樓B室

發行：香港聯合書刊物流有限公司
地址：香港新界大埔汀麗路36號中華商務印刷大廈3字樓

出版日期：2017年7月初版
國際書號：978-988-78209-0-1
定　　價：港幣98元

明白了FB粉絲團